Leadership for Innovation

How to Organize Team Creativity and Harvest Ideas

激情团队

创新成就伟大企业

[英] 约翰·阿代尔（John Adair）　著

吴爱明　陈爱明　译

中国人民大学出版社

· 北京 ·

要在世界市场中赢得并保持主导地位，创新是关键。做事情有新想法和新方式是保持商业成功的主要因素。但是怎样去进行必要的创新呢？由谁去创新呢？这就是本书的主题。

创新是创造力的一种特殊形式，我把它称为**团队创造力**。当然，所有的组织都是一个团队——至少有潜能成为一个团队。现今，商品或服务的高效生产和市场运作——按时送货、质量达标、价格有竞争力等，都需要团队的良好表现。但是，要完善那些已经存在的产品，要开发新产品和新服务，就要求团队有一种不同的规则：**团队创造力**。

简而言之，只有那些有团队创造力的组织才能生存下来并日渐繁荣，而那些没有团队创造力的组织则会衰落并消失。商业的墓地已经被那些在不可避免的变化面前不能或不想革新的公司弄得凌乱不堪。你的组织会很快在这片墓地上占有一席之地吗？

如果你很确定在未来十年的时间里，你的组织仍然只能给近乎同样的顾客提供近乎同样的产品或服务，那么你就没有必要阅

读此书了。但是在你得出这样的结论之前，我建议你问问你公司里的其他六七个人——至少有四个人的年龄要在 30 岁以下，看看他们是否同意你的观点，他们可能会给你一些意外的想法。在关于船是否适宜航行方面，船员的想法经常会比船长更有见地。

如果你正处在事业的创新阶段，那么这本书正是你所需要的。在你读完此书时：

● 你会清楚地理解创新和团队创造力的概念；

● 你会了解创新组织应该有什么样的哲学理念、策略、管理和结构；

● 你会深刻认识团队创造力的本质，并且了解个人是如何进一步促进他人思考的；

● 你会知道如何发挥必要的领导艺术来激发团队创造力；

● 你会既想成为一个有创造力的领导者，又愿意成为创造性团队中的一员。

如果你在工作中采用团队创造力的方式，这将会极大地激发每个人对工作的喜爱之情。如果人们能全身心地投入工作，那么，就正如诺埃尔·科沃德所说的，"工作比乐趣本身更有乐趣"。

CONTENTS
目 录

激情团队

1

什么是创新

激情团队

Leadership for Innovation

> 不愿采用新疗法的人就必须接受新的病痛：因为时间是最伟大的创新者。
>
> ——弗朗西斯·培根

创新，从字面上理解，就是引进新事物：新的想法、方法或装备。当然，有时新奇事物可能比现实事物更加显而易见，因为新奇是一个相对的概念，对我来说很新奇的事物或许早已为你所熟知。但是广义上的创新有某种重要意义，尤其是它结合了两种重要而又相互重叠的过程，即产生新思想并实践新思想的过程。

创造和创新

创造和创新这两个词有等同的部分——有新思想，有时候用诸如"创造"或"发明"这样的词来解释可能会更好。创造正是我另外一本书《创新者：写给创业者的 21 条实用指南》的主题，

《创新者：写给创业者的 21 条实用指南》是本书的姊妹篇。我们所有人都有进行综合、分析的能力，所以我们都能被教导得拥有一点点创造性。有很多人沉溺于所谓的创造性思维，但是只有极少数人会产生被誉为既新颖又对社会有永久价值的新想法、新创造或新发明。

尽管新想法对社会有潜在的作用，但不是所有这样的新想法都能付诸实践，而实现新想法就必须要经历创新这个过程。创造、发明或发现着重于产生想法，而创新则包括整个过程，在此过程中新想法得到应用。

创新把我们带进了有组织、货币、高楼、管理和生产的王国，最终把我们带入整个社会。如果没有延伸至现实世界，那么任何新的想法都只是一个想法，只是储存在某个人大脑中的思想而已。

并不是所有富有创造性的个人都是创新者，也不是所有创新者都能持续地富有创造性。有时，发明家可能是缺乏商业意识的，他们的创新成果会为不讲道德的实业家所窃取，这些实业家把发明家的想法带进市场，但发明家得到的报酬却不是合理的。

案例研究：谷歌——世界上最强大的网络搜索引擎

是什么让谷歌成为发展迅速的公司？这要从两个来自斯坦福大学的富有创造性思维的电脑怪才：拉里·佩奇和谢尔盖·布林

讲起，他们一起为每位网络用户都会提出的问题——"我如何才能找到与我现在所想的问题相关并按重要程度依次排序的网页呢？"——给出了一个有说服力的答案。

佩奇和布林编制了一套叫作链接流行度的程序，这套程序能通过计算与某网页链接的其他网页的数量来显示该网页的重要性。但是他们用来计算与所给网页相关性的公式中也掺杂了其他标准，如所给网页中关键字出现的频率、关键字是否出现在网页的标题上等。1998 年，佩奇和布林与一些同样具有创新性的伙伴在一个汽车车库里成立了公司，公司是用数字 10 的一百次方的英文单词（googol）命名的，但拼写有点变动：google，它承载的任务是"整理全世界的信息，并让这些信息在全世界内都能被获取"。

同样具有创新性的是谷歌的商业策略。谷歌非常实用而且免费，但它并没有花钱做广告，而是通过人们的口碑得以推广。与此同时，佩奇和布林通过一个超级简单的装置挣钱：在每个搜索页面的右边设置"赞助链接"单元。每次只要你点击该页面上任何一个"广告话语"，你就会进入某公司的网址，该公司是通过竞标而享有明确"广告话语"权的。公司会根据点击率给谷歌付钱。小广告会带来巨大的利润：2005 年 1 月到 6 月，它给谷歌带来了 26 亿美元的利润。

但是谷歌的未来——和所有公司一样——都依赖于创造和创新。谷歌的哲学理念是：给高薪人员（世界一流的计算机科学博

如果没有延伸至现实世界的创新，
任何新的想法都只是一个想法，
只是储存在某个人大脑中的思想而已。

——以谷歌为案例

士团体）自由发挥的空间。谷歌要求员工把自己 20% 的时间用在自己喜爱的课题上。因此造就了谷歌新闻（一个全球新闻搜索引擎，能搜索国内和地区新闻，给传统的新闻组织造成了威胁）、谷歌购物服务、谷歌对话业务（通过网络免费打电话的新型方式使电信行业感到害怕）、谷歌书籍搜索（计划"让所有人都能搜索到全世界的所有书籍"）。

创新是逐步的变化

创新不仅仅只依赖于新发现、新创造。现行的产品和服务、组织和机构也需要经历变化，不断完善。在这种情况下，变化并不是量上的突变，而是一步一步朝着期待的方向前进——这一步可以迈得很小，也可以迈得很大。

从这种意义上去理解变化时，创新就有了这样一个基本特征——**渐进性**，它与已经存在的事物的一些较小的变化或改变都有关系。创造性思维者或发明家可能对这种逐步的变化兴趣不大，他们寻求的是彻底突破传统或彻底改造已有的事物。

逐步的变化使创新具有三个重要特征。第一，计划创新会比计划创造或发明更容易。创造或发明更多地依赖具有创造性的个人，因此，很难在规定日期甚至规定时期按计划完成创造或发明。这并不是说组织内部合适的氛围或文化不能鼓励或刺激创造性：当然是可以的。第二，创新跟其他形式的变化相比更加积

极，风险更小。第三，每个人，包括经理和员工，都能完全参与创新。就让我们依次简要地看看这三个重要的特征。

控制变化

"一切事情都是变化的结果。"罗马国王、哲学家马可·奥勒留写道。"宇宙在不断变化。"人类从出现起就意识到**变化和延续**是一生中最重要的东西。的确如此，如果说生命是在"时间编织机"上编织图案的话，变化和延续就是其中的经线和纬线。

英明的人知道永远不能忽视变化，因为你不能阻止变化。"我们必须遵循变化这个最重要的法则"，埃德蒙·柏克说道，"这是大自然最有力的法则"。控制变化的第一步就是接受它。

但是你能真正控制变化吗？不能，这一点你必须承认。当世界发生某件事情时，当我们个人或我们为之工作的组织经历某件事情时，我们就经历着变化。作为有创造性和创新性的个人，或者作为有创新性组织的成员，我们也是变化的源泉或动因。我们思想的泉水或溪水会聚成了变化的海洋。变化创造变化，所以变化的规模和速度——科技上的变化、社会上的变化、政治上的变化和经济上的变化——都增加了。难怪有些人害怕变化会不受控制。

顺便说一下，英语单词"hand"在拉丁语中的同义词是"manus"，"manus"是英语单词"管理"的词根。最初，"管理"

是指处理事情的方式，控制事物向期待的结果发展。几个世纪的时间里，管理的对象是战马、航海船只、决斗中的利剑或者战场上的军队。

后来管理的对象扩展到了公共机构和商业机构。管理金钱也是说得通的，因为金钱是一种事物。但是如果把管理这个词用在人类身上——比如像"人类管理"或"管理人类"的说法可能就很有问题，因为人不是事物，人需要被引导和激励，而不是被管理。

当涉及控制一个组织中的变化时，首席执行官和高层管理团队应该意识到变化的趋势，并确保整个组织与这个趋势保持一致。为了让人们能沿着变化的道路前进，领导需要有方向意识，也需要有很强的领导能力。

在有些情况下，为了顺应变化的潮流以获得发展，就必须改变人们的态度。因为正确的态度是很重要的。如果你不能控制变化的话，那么，你就肯定会被变化掐住咽喉。

创新是人类的一种自然活动，组织中的创新应该有尽可能长远的目标和计划。如果你没有计划，那么你的目标就会落空。这源于一个被大家普遍接受的事实，即不能应对变化或者觉得没必要创新的组织，就会停滞不前、衰落，最终死去。正如树木是从上至下枯死的，组织衰退的过程通常始于首席执行官以及其周围的人。因此，在第6章我们会来探究首席执行官在不断变化的组织中的领导艺术。

所有的创新都是变化，但不是所有的变化都是创新。创新是经过深思熟虑之后产生的新事物，目的在于更有效地完成组织的目标。这种意义上的创新不是偶然发生的，它需要有很好的领导艺术以及组织内各层级人员的参与。

创新是积极的

重大的变化对有些人来说可能是机遇，但是对另一些人来说可能就是威胁。尽管如此，创新在本质上是没有什么威胁性的，只是因为它不是以截然不同的面貌出现的。最初它不是一种制度的完全转变。创新是不断增加的，最终可能会成为很有影响力的事物。的确如此，它可能发展到让人们对组织的目的和身份产生怀疑的程度。这样就会导致彻底的改革，或导致另一个组织的建立。

但是创新的实质是发展而不是革命。就像日本谚语所说："我宁愿教一百个人走一步，而不愿教一个人走一百步。"

从定义上讲，控制创新就是要让事情发生。如果提议的改变或计划的改变引起了太多异议，或很难让多数人接受，那么，这样的改变通常是不可取的。只有不明智的领导才会置人们坚决的、持续的反对于不顾，试图靠个人去推动改变，如果碰巧你这样做了，那你很可能走错了路。但是如果创新更好地满足了人们的需求、减少了烦恼或抱怨的来源，那么它很快就会有支持者，为人们所接受。

所有人都能参与

工作中的每个人都近乎有一百亿个脑细胞以及一套完整的脑力装备，有能力进行分析、综合和评价。对我们所有人而言，这个过程能乘着思想的飞机有意识地产生，也能——无意地、无预兆地——在无意识状态下，给我们顿悟、直觉、灵感、本能、暗示、梦境，以及偶尔给我们真正意义上的、极其宝贵的新想法。

实际从事产品生产或服务工作的人们——如果他们对自己的工作有兴趣（哪怕只有一点点）的话，就会想办法把自己的工作做得更好，这是一个普遍原则。人们的想法通常是微不足道的，或者是逐步被改进的，但是在整个创新过程中，它们是很重要的一部分。如果有领导能善于倾听和鼓励，自然就会收获越来越多的新想法。**任何真正具有创新性的组织应该能得到"盛满想法的桶"，如果它建立了一些简单的机制，就能把这些桶伸进井里，把想法提上来。**

有兴趣就会有想法。反过来，如果想法得到了管理层的认可，人们对工作的兴趣就会增加，会更加积极地参与工作，为组织做出更大的贡献。即使——从好的方面来解释——团队成员的提议没有被接受，或者被接受了但没能得以实施，这对积极性也

没什么损失。从积极性这方面来说，重要的是要让员工感觉自己真正是企业的一员，承担着改善产品质量或服务质量的责任。这种认可非常重要。

要　点

创新不仅仅是有新想法，它还包括成功引进新想法或让事情以一种新的方式发生的过程。创新把想法变成了有用的、实际的、具有商业性的产品或服务。

正如自然所解释的那样，大多数的变化都是逐步产生的。创新包含逐步改善现行想法和形式、产品和服务以及新发明或新创造的市场推广。这些变化就像滚雪球一样，不久就会发展成为一个不断创新的计划。

为有用的变化制订方案需要有管理才能的领导者。变化需要领导者，领导者带来变化。尽管创新是一个自然的过程，但是如果它能得到正确引导，就会变得更加有效。这意味着创新应该受到欢迎，要有计划，要被控制和监控，最重要的是，要把它引导到组织的最终发展方向上去。

组织需要避免"为变而变"的错误，因为把改变当成目的很少能带来成功。考虑不周的改变会对产品或服务的核心品质造成损失。莎士比亚说过，"努力想变得更好时，通常我们会毁掉原本美好的事物"。

　　我们中的少数人能或应该能成为职业性的创造性思考者，例如发明家、艺术家、作曲家或作家，在创新过程中，我们每个人都能参与和分享团队创造力。在把想法变成现实的每一步中都要求有创造性、想象力、经验和发明。

激情团队

Leadership for Innovation

创新与你识别奇异、罕见现象的能力有很大关系。

——赫伯特·西蒙，诺贝尔经济学奖获得者

14

激情团队

2
成功创新的条件

激情团队
Leadership for Innovation

企业成功的秘密是什么?

是要知道如何运用他人的智慧以及如何使用他人的金钱。

——J. B. 富卡，富卡工业公司主席

你的组织为变化制定策略了吗？具体来说，你的组织从战略上考虑过为创新创造必要的条件吗？

改善产品和服务的质量，提升产品和服务的信度和性能，同时使其在价格上具有竞争力，这项挑战需要有双重战略。首先，要有计划地不断进行改变来提高现有产品的生产能力和利润空间。其次，在开发新的或更好的产品方面要制定战略。尽管在刺激创新方面不存在魔法法则，但还是有六项必要的条件。在你阅读本章时，你可以从这六个方面为你的组织打分，每项满分十分。

努力控制变化

"改变？这是我们最不愿意看到的事情。事情已经够糟糕

17

的了。"做出这样评论的管理者肯定没有为有计划的、创新性的改变做出任何努力，因为有很多管理者都反对改变，他们只有在必须要改变时才会选择改变。在失败企业的墓地里，经常会在它们的墓碑上看到"做出的改变太小太晚了"这样的墓志铭。

有些管理者从整体意义上承认变化的必要性，但是他们不能接受自己及其企业的现实改变。第一花旗银行主席沃尔特·瑞斯顿说道，"每个人都喜欢创新，如果不影响到自己的话，如果影响到了自己，创新就不是好事情了"。这样的管理者就像一个个拿破仑。因为拿破仑曾经对他的元帅们说过："一个人如果想保持自己的优势，就必须每十年改变一下自己的策略。"但是他自己并没有遵循自己的建议。在滑铁卢战役中，他的战略被看穿，这让威灵顿占了极大的优势。威灵顿也借此结束了自己最强劲对手——拿破仑的军事生涯。

现在，经验也经常告诉我们，在未被变化操控之前，要先控制变化的重要性。管理能人德鲁克很多年前就预言道，"一年内需要创新却未能创新的现有企业注定是要衰败并消失的，处在这种时期却不知道该如何控制创新的管理方式是无能的，与企业的发展是不相称的。控制创新会不断地对管理模式特别是上层的管理模式发起挑战，这也是高层管理者的试金石"。

高层管理团队——首席执行官以及执行主管——需要从视觉上和听觉上让人们知道他们在努力地为积极的创新制定双重战

略。他们的分量和影响力可以消除创新者在进行有益改变时经常会碰到的障碍和阻力。因为如果首先想到的是从改变中获得好处的话，创新的过程就可能变得非常缓慢。对你来说可能是整个企业的机会，而在他人看来却可能是对单个部门或个人的威胁。你作为组织内部任一级别的领导，有责任帮助推动应有的改变，并把这种态度传递给整个管理团队。

积极的、具有战略意义的思维

公司的战略需要回答以下问题：

我们从事的是什么业务？

我们现在处于什么阶段？

在未来三到五年的时间里，我们希望发展到什么程度？

十年后，我们又会发展到什么程度？

我们的优势是什么？劣势是什么？

我们有足够的资源来实施我们的战略计划吗？

我们的竞争对手对我们最主要的威胁是什么？

我们有应对意外事件或未知事物的能力吗？

这些问题看似简单。就像克劳塞维茨指出的，"在战争中需要做的事情很简单，但是在实际作战中，即使要做简单的事情也非常困难"，商业在这方面与战争很像。

正确回答上述第一个问题显得尤为重要。要做到这点不是那

么容易。一方面，如果概括得太宏观，你可能看不到自身的优势；另一方面，如果太具体，你会忽略了其他有创造性的发展和创新的地方。

据报道，美国 O. M. 斯科特公司在核心任务的两个表述——"生产肥料"或"保持草坪的翠绿"——上花了一年时间才做出决定，最后他们选择了后者。之后才花钱投资设备，生产多种肥料和工具以保持草坪翠绿。这样经营多种产品肯定与只从事肥料生产的传统假设是不一致的。

在创新的环境下，上述的最后一个问题也是很重要的。一位英明的将军会留有后备军以预防突发事件，英明的首席执行官也会如此。偶发事件可能是意想不到的市场变化，也可能是新科技的突然出现。因此，公司的战略应该包括有一批自由储备，能提供人力上和物质上的资源来应对未来无法预知（但不是不可能的）的机遇或需要。

最重要的是，创新不应该是一个被动反应的过程，而应该是指引方向的。创新也是战略的一部分，需要有为公司的发展干劲十足的人为创新提供源泉。这种战略会平衡现行的生产需求、现存商品及服务的市场推广——商业上优先考虑的事情——与中长期研发需要的关系。**一种平衡的、连贯的战略会让你的组织在过去成功的基础上发展并有能力去创建想要的未来，这是利益增长唯一可靠的途径。**

长远眼光

短期利润的标准——每个季度的底线——在面对开发和引进新产品和新服务时，很明显是不适当的。罗马哲学家爱比克·泰德写道，"创造任何伟大的事情不是一蹴而就的，即使只是一串葡萄或一个无花果也不是瞬间形成的。如果你告诉我你想要一个无花果，我会回答你这需要时间，首先它要开花，然后结果，最后成熟"，任何在商场上能独立生存的新产品或新服务也是如此。

例如，相比英美等西方国家的金融机构和股东因为眼光短浅而臭名昭著，日本的银行和公司显然拥有更长远的眼光。迟钝的思维是不能鼓励企业进行创新的。西方的金融机构在感到威胁时需要重新制定更大的目标而不只是追求眼前的利益，因为它们存在的部分原因是要为商业和工业提供服务，毕竟商业和工业才是它们运转的发动机，但通常它们并没有制定更大的目标，但至少现在应该把目光放在适中的位置——这是一种很好的、陈旧的英国式妥协，在决定投资时，它们应该考虑到将来。

在那些把国有企业变回私有企业的企业家中，英国的理查德·布兰森就是其中之一。他对企业以长期的发展为代价而过分强调短期利益的这种做法感到气愤。布兰森认为："企业变回私有之后，我们就可以采用日本的方式，慢慢占有市场股份，然后等着盈利，经营国有企业时，多数的时间

21

都花在了担心来年的利益上面。私有之后，我一次也没问过有关利润的预测。"

但是那些规避风险的金融机构不应该成为替罪羊，企业自身用于研发的资金必须经过仔细审查。与国内的主要竞争对手相比，你在竞赛成绩对比表中能排在第几位？你所在的国家在产业研发上的平均投资与其他国家相比是怎样的？知道这些问题的答案是很重要的。正如有句谚语所说："如果你不是解决办法的一部分，那么你就是问题的一部分。"

支持变化

有些组织饱受"动脉硬化"和"关节僵硬"的折磨，在经受这些病痛的组织中，有些其实很年轻。随着病情恶化，它们逐步变得僵化，不可逆转，它们对那些经试验后效果良好的计划情有独钟，并逐渐无意识地对新事物和不熟悉的事物更加抵触。态度和行动上的不断僵化最终使它们若发起任何形式的改变都要付出极大的代价，缺乏积极的改变都源于这种僵化，但通常这些组织都会以"代价太高了"为借口，或者自大地认为，"我们已经很成功了，为什么还要改变"。要警觉，这种组织疾病完全是不请自来的。

灵活性是创新性组织的关键品质。灵活的人、团队或组织能应对或适应不断变化的形势。交流和沟通非常重要，不同部门、

不同地区员工之间的交流障碍需要不断减少。要保持研究者与生产人员、市场人员以及顾客之间的交流渠道畅通。

组织要抹平金字塔的层级制度，从上至下、由内而外地制定政策，使和组织环境有关的人员都能参与决策。简言之，每个大型的组织要创建一个企业式的、矩形状的管理结构，但要保留有效的监控体系和基本纪律。

灵活开放的组织对每件事情都有极强的好奇心，会很快适应新的发展和变化。这样的组织能把问题分解成各个部分，要弄清楚变量之间的关系，要抓住问题的主要方面和关键部分。通常，可行的解决办法不止一个。因此，如果一种办法不奏效，马上可以发现和实施另一种不同的方法。

怎么强调发展结构的重要性都不为过分，发展结构要确保能为创新者提供支持和鼓励。3M 前主席和首席执行官刘易斯·W. 列尔解释了出类拔萃的创新性企业的结构是如何促进部门发展的：

> 3M 有 40 个生产部、各种各样的科研项目和部门、大约 50 家海外公司，所以 3M 有近 100 个主要盈利中心，但是每一个中心又都像是独立的机构。基本上，部门经理管理他们自己的部门，他们自己做决策、开发自己的新产品，自己承担后果。当某部门里的团队成功开发出了新产品和新贸易，该部门的管理层有责任把它们发展成为本部门支柱产品之外的副产品，我们把这个过程叫作"分开和发展"。我们"分开和发展"的政策基于多年前的一项发现：当一个部门发展

到一定规模，它就要花费大量时间在生产产品和建立市场上。这样它就很少有时间去关注新产品和新贸易。当我们开辟一项新贸易时，就会指定一个新的管理团队。我们会给人们一个发展新贸易的机会。我们发现，这些新团队无一例外地开始以更快的速度发展。

就拿我们的胶带生意来说吧。我们最初只生产苏格兰牌遮蔽胶带和透明胶带，后来我们发展成了四个生产部门，可以给企业、商业和家庭提供足够的胶带。另外，我们的胶带实验室还研制出了供外科使用的胶带和帘子。有了这些产品，我们就可以发展我们的保健事业，最终建立医疗、外科和整形外科的产品部。从同一个实验室里还会研制出电极胶带。这样就会出现专门生产电连接器、电接头以及绝缘材料等产品的部门。我们公司的结构旨在鼓励创新者的新想法及实践。如果他们成功了，他们可以在 3M 旗下经营自己的事业。

3M 的模式与谷歌的管理模式肯定有一些相通之处。

接受风险

要创新却不接受风险肯定是不可能的。你需要计算风险，并把财政损失控制在你能承受的范围内。你的组织在创造和创新的过程中不可能没有风险，"没有冒险就没有收获"。

关于风险，其不好的方面主要是犯错和失败。在任何创新性企业中都会出现这样的失败。当然，这种失败与由于犹豫不决和行动无力造成的失败是不同的。企业领导应该接受这种失败，并能勇敢地为其埋单。不要让有可能出现的失败成为否定创造性思维和创新的理由——尽管这种情况经常发生。

每一次失败都应该有事后总结，这种总结是为了吸取教训，而不是为了惩罚。通常你会发现你忽略了一些警示标志——预示着失败即将来临的警示标志。从这些事后总结中得到的一个重要教训就是，管理者需要面对一个讨厌的任务：在潜在失败还未积聚太强的力量之前将其消灭。

约翰·F. 肯尼迪说过，"行动的计划会有风险和代价，但是这些风险和代价远远赶不上因行动不力而带来的长期风险和代价"。换句话说，你冒了风险可能会出错，但是如果你不冒风险就注定要失败。

刘易斯·W. 列尔在组织接受错误方面有一条忠告：这些错误只能是第一次出现。在这方面，3M 的企业文化有一个清晰的政策（或称传统）：

> 失败的代价是创新者很关心的——因为大多数创新者都会在某个时间遭遇失败。我们估计在 3M 中，新产品计划中大约 60% 没能成功。但出现失败时，重要的事情不是批评参与其中的人，而是要让他们知道即使失败了也不会丢掉工作。不然，潜在的创新者就不会去冒风险，要知道，没什么

能比失败后会丢掉工作这种威胁更能抑制创新了。

我们有接受诚实的错误和失败后不会进行严厉惩罚的传统。我们把错误看成是商业中自然的部分，是创新的主要副产品。但是我们期待这些错误有新颖之处。几乎任何错误我们都只能承担得起一次。那些选择高风险、推出新产品计划的人，知道他们的工作不会受到威胁，这种管理政策会消除大公司里创新的主要障碍。

企业在发展时，责任到人、鼓励人们发挥他们的积极性是非常必要的，这意味着要允许人们用自己的方式去完成工作。如果这个人是完全正确的，那么他所犯的错误就没有像尽量让每件事情都按照特定的方式去完成或坚持所有的决定都由领导们去做这样的大错误那样那么严重。极其苛刻的高层管理制度在错误发生时会抑制人们的积极性，扼杀企业的发展。当出现错误时，要暂且把利润的增长搁在一边。

良好的内部环境

前面所讲的五个因素都为创建能产生新想法、实施重大改变的良好文化或氛围做出了贡献。

创新性组织的形式是灵活的、有机的，而不是僵硬的、机械的。创新性组织鼓励人们参与决策制定，鼓励人们去解决问题和发展创造性思维。创新性组织奉行的是政策或指导原则而不是规

则，它们把规则的数量减到最少。创新性组织有良好的内部交流机制，更多的是通过话语交流而不是通过备忘录或信件。创新性组织并不要求员工对上司要毕恭毕敬，但是要求员工尊重同事、尊重领导。**"老板要求尊重，领导却是赢得尊重。"**

当然，企业需要高水平的组织结构、纪律和惯例来进行生产和给顾客提供合适的服务。而在赞成新思想和创新的企业文化中，困难之处就在于如何把创新因素与这种组织结构、纪律和惯例融合起来。不是组织团队的所有成员在商业的这两个方面都很擅长，但是一个团队的基本特点就是拥有性格互补、水平不同、兴趣不同、知识和技能各异的员工。

要　点

"如果号角吹出不确定的声音，谁会准备去战斗?"高层管理团队应该想方设法让所有员工感受到积极的、有用的变化。

战略性思维可以脱离现行的专制制度，它能引导你从更宏观的层面去思考未来。你是一个既立足现在又着眼于未来的领导者吗?

军队行进靠的是精力和勇气，企业发展靠的是投资。研发是未来创新的种子，这不是一种花费，而是一种投资——没有预测结果的投资。你的组织有这样的投资吗?

无论是对个人还是对企业来说，灵活性是一种能力，是修正、调整或可能是急剧改变你正在做的事情的能力。刻板的、缺

乏灵活性的组织结构会产生惰性。

有创新就会有风险，它们就像孪生兄弟。正如中国谚语所说："不入虎穴，焉得虎子？"

轻松的、不拘礼节的组织内部关系能鼓励创新，拘泥形式的关系则会抑制创新。

昨天创新的结果需要被生产，需要被推入市场进行销售，如果今天你没有招来一个对新产品或服务满意的顾客，那么明天你将什么也创造不了。

创新需要的是天分和勇气，而不是模仿。

——阿侬

Leadership for Innovation

激情团队

3

创造力

如何管理团队的

激情团队

Leadership for Innovation

大机构的运转主要是一大堆惯例、小恶谋、自私、粗心和纯粹错误的结果。只有残留的部分是思想。

——乔治·桑塔亚那

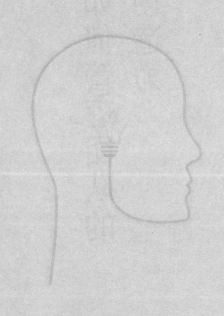

你在组织任何事情时，都会从顺序上或空间上或在这两者基
础上来考虑。把人或物放在一起，置于合适的位置，相互
关联。人类组织活动的最终结果经常是创建一个组织——由相互
依赖的附属成分组成的一种复杂结构，附属成分的关系和属性
在整体上是由其功能决定的。人们通常用人的身体来比喻这种
由人类创造的结构，这种类比就产生了诸如成员、头领和团体
这样的词。

秩序和自由

所有组织都会在秩序和自由之间寻求妥协。我们需要秩序，
我们也愿意接受秩序，这是我们社会属性的一部分。我们知道，

在实际生活中，如果我们不与其他事物合作，不接受一些普遍的做法，不完成指定的任务，那将什么事情也做不了。秩序会减少混乱，确保一些平常的任务能更成功地完成。但是，为了服从秩序，我们不得不放弃一些自由——这也是我们的投资，所以我们当然希望得到丰厚的回报。

现在，真正的创造性思维要求有很大的自由。你所受的限制——不管是客观上的还是主观上的——越少越好。**尽管创造性思维更像一种社会活动，但是创造性思维者却经常被认为很个人主义，他们往往很孤独，因为他们进行创新多是因为性格喜好而不是需要。**创造性思维者需要相当长时间的独处，但是他们无法准确预测到什么时候需要独自思考，这就是为什么创造性思维者不愿意成为组织中的一员的原因。

但是如果没有这些富有天赋的个人，组织就很难获得有价值的新想法，可见这真是个两难的问题。没有创造性思维就没有战略上的创新，但是创造性思维者既不愿意融入组织、不愿意看到加入组织后自己的创造性消失，也不愿意由于团队生活强加的限制而使自己的创造性受到抑制。

把创造性融入企业

大胆地说，有两种办法能解决这个两者不能兼容的问题。第一个办法是，将研发——企业是这样称呼创造性思维的——分散

34

到独立的组织去，例如，多数大公司都有自己的研究机构。这些机构之间可以相互沟通，可以与政府资助的咨询公司交流，比如一些研究实验室或大学。

在大公司内部，研究者之间良好的交流是很重要的，因为很多创造性发展的产生是把他人看来是独立的技术结合起来的成果。3M 前主席和首席执行官强调了交流的重要性：

> 我们的创新文化中深入人心的元素是交流——在科技团体中不断的、良好的交流。交流在一个跨国公司内的价值是难以估量的。至少，我可以说我们是极具多样化的组织。我们拥有 40 个独立的分支机构、85 项技术。我们实实在在地拥有成千上万个独立产品。因为我们的产品部门是完全独立自主的，我们的技术人员只需要在他们的实验室里全神贯注地钻研本部门的技术。
>
> 为了避免这种形式上的孤立，我们努力地促进各类创新者之间的相互交流。通过一个叫作科技论坛的组织，我们的员工可以不断地与他人展开交流。这个科技论坛有 12 个支部和委员会。在一年的时间里，他们就筹办了 160 多场活动。
>
> 我们尽量给创新者提供动力和机会，让他们可以充分探讨并完善自己的想法。

第二个办法是，努力把你的整个企业变成一个创新性企业。如果你能做到这一点，对创造性思维者来说，整个环境就不是那么充满敌意了。你可以在企业内部融合和管理创造性，而不是将

其排除在外。尽管 3M 有自己的研究实验室，但是很明显，它只是企业生存中整条创新路上越过前线的先锋，却并不是一个整体的创新性企业。

这两种方法既有人赞成也有人反对。创造性的人和非创造性的人就像油和水：他们总是很难融合在一起。列尔补充道：

> 管理和创新总是很难融洽地共存，这并不奇怪。管理者都喜欢秩序，他们希望结果能如预期的那样。事实上，通常人们会通过管理者制定了多少规则来进行评价。另外，创新通常是一个无秩序的过程。很多时候，可能是大多数时候，创新不会如期而至，这会使管理者和创新者之间的关系变得紧张。

把创造和发展新产品或新服务的功能与生产、市场推广和报账的功能分开，这意味着在团体内部，不同的部门或分支都有这些功能，就能解决很多问题，或者让组织中更具商业性的分支既能雇用管理者，又能雇用为现存的产品和服务提出具体建议使其更快完善的员工，这样能鼓励创新。

这些特殊的研究组织——我们可以这样称呼它们——不受必要准则和日常生产、配送与销售制度的约束，也不受监督企业商业效率和利润所需的一些财政控制，但它们除了要管理自己的预算外，还面临其他问题。如果它们想有效率——特别是在科技领域，它们就需要变得强大。规模和对材料种类及参与人数的财政预算需求——是的，你已经猜到了——可以养育一个组织。组织

与创造性是对立的，因为组织会滋生官僚主义，而官僚主义会扼
杀创造性。

找到合适的平衡

研究型组织越来越像企业，与此同时，产业型组织则开始变
得更具创造性和革新性。当然这两个过程都有局限性，英明的领
导能看出这些趋势并且承认它们。领导的一部分主要职责就是要
不时地提醒组织成员组织中存在哪些局限。

根据组织新思想的孕育和发展程度来构建它的连续体是很容
易的，正如图 3-1 所示。

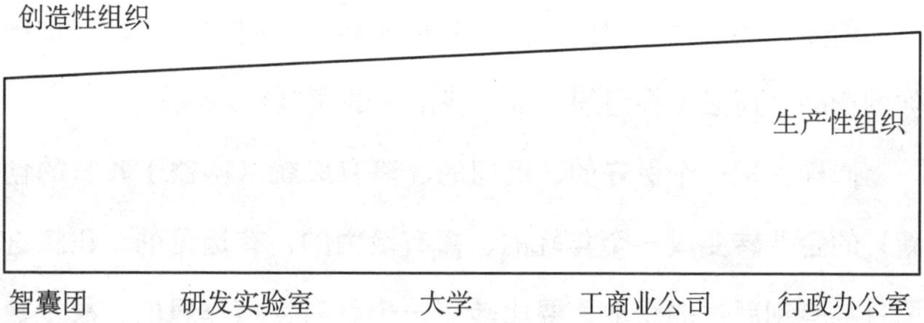

创造性组织

生产性组织

| 智囊团 | 研发实验室 | 大学 | 工商业公司 | 行政办公室 |

图 3-1　创造/生产连续体

你会发现斜线并不是对角线。换句话说，现在没有一个组织
完全是创造新思想的或是纯粹进行生产的。纯粹进行生产不可能
实现，部分原因是组织雇用的是人，人天性不可避免地要进行思
维，有思维就会产生新思想。还有部分原因是，如果组织只关注
生产现有产品和服务，不管科技或市场变化，那么它很快就

会——如我们看到的——濒临死亡。

另外，没有哪个创造性组织不生产一些有用的或有价值的东西。它可能不采用企业的程序，仍采用小批量的生产方式，但是它仍然生产产品。尽管它的任务可能不是盈利，但是肯定会控制支出。因此它必然会采用旨在最大限度利用自己的资源进行生产的政策和程序。这样会让组织在一定程度上倾向生产。

创新型领导

从这种分析可以看出，创新性组织的确需要领导者有领导艺术，有管理方面的知识和能力，特别是要有管理财政和市场开发方面的知识和能力（记住：你不仅必须在大集团或组织内部推销你的产品，还必须在组织外部寻找潜在的顾客）。

同样，**把一个保守的、沉闷的、略有成就（得益于昨日的创新）的企业转变成一个年轻的、富有活力的、有远见的、积极进取且具有创新性的企业，要比转变一个具有官僚作风的、故步自封的、其管理者还极其推崇这种文化的企业容易得多，这也需要领导者同时拥有超强的领导艺术和管理能力。**当领导艺术遇到挑战时，就像是在氧气匮乏的寒冬时节去攀登珠穆朗玛峰一样。但是，如果没有恶劣的条件，也就不会有那么多的顶峰等待征服者去征服了。

第四、五章是两个短小的案例研究。第一个案例中的组织是设在剑桥大学里闻名世界的分子生物学实验室，DNA 之谜就是在那里被揭开的。如图 3-1 所示，这个组织现在正处于连续体最左边的位置。你的任务就是要看看在团队创造力方面，如此成功的组织中有什么因素或特征能让你自己的组织借鉴。第二个案例研究的焦点人物是本田宗一郎，他是一位在自己的组织内部成功发展出一套积极进取的创新性哲学理念的企业领导，这套理念至今对我们仍具启示作用。

要 点

秩序可以防止混乱，能减少困惑，并让各种关系都遵循规范。但是混乱、困惑和不拘礼节才是创造性的培养皿。

组织能把创新这项工作以研发的形式委派或转包给特定的部门，组织也可以尽力把自己转变成创新性组织，这两种选择不是相互排斥的。

任何企业都能在"创造至生产"这一连续体中找到自己的位置。弄清楚你现在在连续体中处于什么位置以及期望处在什么位置是很重要的，因为这将影响你对领导艺术和管理的整体认识。

创新性组织的产生不是偶然的，它们是良好的领导艺术和管理模式的最终成果，关键就是要在自由和秩序中找到最佳平衡，在部分中的整体和整体中的部分这两者之间找到最佳平衡点。

秩序可以防止混乱，能减少困惑，
并让各种关系都遵循规范。
但是，混乱、困惑和不拘礼节
才是创造性的温床。

你工作领域之外的创新性组织可能掌握着你想要的秘密，因此，暂时放弃认为其他领域的人的经验跟你毫无关系的想法，这样，你能有更多机会向比你有更高创新要求的组织学习：它们是怎样管理自己的？

　　所有的组织都死于尊严，因为它们过于自信，总认为自己没病，一点药都不肯服用。

——西德尼·史密斯

激情团队

4 案例研究：DNA实验室

激情团队

Leadership for Innovation

实验室是财富之庙、未来之门。这里教人成长，让人变得更强健、更优秀。

——路易斯·巴斯德

在成为世界上第一个研究领导学的教授后不久，我就开展了
15 项关于大学校长领导艺术的研究。"如果你对领导艺术
有兴趣的话，可以去看看剑桥大学医疗研究理事会的分子生物学
实验室。"这个给我提供消息的人，也是这些研究的参与者，他
实际上是皇家癌症研究基金的一位资深研究人员。他热心地安排
我去参观实验室，并会见实验室的负责人——诺贝尔奖获得者西
德尼·布伦纳博士。

分子生物学实验室是一座极其普通的五层楼房，坐落在剑桥
郊区，但它却是世界上最成功的研究中心之一。在我拜访其中一
位成员后不久，塞萨·米尔斯坦博士获得了诺贝尔奖，至此，这
所实验室培养了 7 位诺贝尔奖获得者。

基因材料 DNA 的双螺旋式结构最初是由实验室的吉米·沃

森和弗朗西斯·克里克发现的。这个实验室还发现了蛋白质这种生命中最重要的化合物的完整结构，关于病毒和染色体的主要研究也是在这里进行的。对于一个 1947 年才建成的实验室来说，其在创造性科学方面取得的成就是辉煌的。"你们的秘密是什么？"我问布伦纳博士。我认为他的回答是所有希望创造或创新的企业应该遵循的。

没有阶级或等级之分

刚开始，这个实验室是只有两个人的团队：麦克斯·佩鲁茨和约翰·肯德鲁，后来逐步发展成第一个建立在剑桥大学里的、举世闻名的卡文迪什实验室。当实验室搬进新楼后，麦克斯·佩鲁茨作为新实验室的第一任主席，就有了机会去实践自己关于如何组织创造性工作的想法。佩鲁茨说，"创新性组织是一个不应该有任何等级之分的组织"，"在卡文迪什实验室里，科学家和技术人员可以在不同的地方喝茶。我不希望有任何等级或头衔"。布伦纳告诉我，他一直都保持着该实验室的奠基人佩鲁茨建立的这个传统。

因此，现在实验室最顶层的娱乐中心供所有人使用，可以喝茶或喝咖啡，也可以吃午餐。在这里，人们可以越过桌子交流想法。随意的交流是很重要的，所以娱乐中心会整天开放。为了激发创造性，这种交谈不只局限于当前关心的事情或课题本身。西德尼·布伦纳告诉我，"我与弗朗西斯·克里克共用一个房间20年，每天我们都会天南地北地交谈至少两个小时"。

拥有个人办公室是罕见的。佩鲁茨曾经说过，"实验室里最大的困难就是人们之间的合作，如果人们有了自己的办公室，晚上就会锁着，如果有了资金预算，他们就不愿意一起工作。他们会考虑谁的预算做出的贡献最大。所以我们决定尽量把办公室的数量减到最少，建立大实验室，尽可能多地引进公用设备，让人们在一起工作"。布伦纳博士还告诉我，他决定永远保留这种安排。

在一起工作时，化学家可以向微生物学家学习如何培育他们做实验所需要的细菌和病毒，生物学家可以向化学家学习如何进行复杂的演绎推理。例如，当弗雷德里克·桑格关于基因材料结构的工作变得非常复杂需要借助计算机时，科学家组就会从自己组里调配一个计算机专家给予他帮助。

实验室里有一个原则：不用遵循规范。**这种没有等级的结构很有用，因为资深人士、小研究团队的领导者和管理者的地位与大家是一样的，所有这些都有助于鼓励各部门之间的合作。**实验室里书面的东西很少，大家会尽量通过对话来进行沟通。

以身作则

与管理不同的是，领导艺术的概念表明，领导者不仅要干好

47

自己的工作，同时还要协调或指导他人的工作。在该实验室里，资深员工仍然会做实验研究，而不是坐在办公桌后面管理其他研究者，因此组织形成了良好的风气。布伦纳说道，"在美国，资深员工到了35岁以后就不再从事具体的研究，而是成为管理者。但在我们这里却不是"。像他的前辈佩鲁茨一样，布伦纳坚持要成为一个亲身实践的研究者。

年轻的科学家在这里肯定会受益匪浅，因为他们有机会与自己领域的专家一起工作。正如布伦纳对我说的，"科学仍然像是中世纪师父和徒弟的行会"。实验室里没有手把手地去教导——纯粹是研究，但是毫无疑问，这里也是学习的地方。

尽管如此，要平衡科学家们竞争的本性与合作的需要，还是需要领导艺术的巨大力量。但是，所有的资源都是共享的，并没有划拨给部门，那些小的科学家团队及其领导必须公开他们的想法来赢得享有资源的权利。这种结构——或缺乏这种结构——不允许个人在没有赢得同事的支持下就开展工作。因为只有那些愿意将自己的技术传授给他人的人才会被指定享有资源，所以用团队合作的方式来赢得资源的氛围就能永久存在。

布伦纳把这种方式与他称之为"城堡科学"（在第一次世界大战中，英国陆军总司令部马歇尔·道格拉斯·黑格在法国城堡的总部指挥前线的作战行动，他的指挥是在他没有去过前线的情况下进行的）的方式做了对比。布伦纳坚定地反对管理者对科学进行远程控制。他争辩说，像分子生物学实验室这类组织的主管，最重要的首先应该是一个领导者而不是一个管理者或官员。

最大限度地利用资源

实验室能有效地使用每一笔可观的预算。布伦纳告诉我，"我们曾经得到医学研究委员会的慷慨捐助，这样我们就可以制订长期的计划，这里几乎没有管理者，所以钱几乎全部用于做研究"。他们将资金预算减少到最低。"如果事情很难办，我会让他们放轻松。如果可用的资金还有剩余，我也让他们知道。他们会对这种团体意识的呼吁做出反应的。"如果你是一个领导者，你要表示出对员工的信任，这一点一直很重要。

分子生物学实验室的组织结构旨在促进合作。旧的大学模式中没有划分系和部，因为这种模式通常会滋生"系部主义"。研究由很多小组或"松散团队里无拘无束的朋友们"完成，每一组不超过 12 人，由一位资深的具有专业知识的员工领导。这些小组自己制订研究计划，在各方面通力合作，在科学讨论、设备和其他技术领域实现资源共享。这些小组可以联合成部门，但是所有关于财政和科学政策的重大决定都是由各部门的领导和实验室的主任联合制定的，实验室主任负责与医学研究委员会进行沟通。行政团体之外不设其他团体机构，决策的制定也不依靠投票。投票会造成内讧，所以需要领导者有在任何情况下确认或达成一致意见的领导艺术。这种结构不能消除"权力意识"——一项不可

能实现的任务，但是这种结构定能减轻这种意识。当然人们仍然可以赞成任命。除了能保证拥有自己的空间，没有人能保证其他都万无一失。布伦纳说道，"实验室可以给你提供任何东西，如果你失败了，失败的原因是你自己，并不是因为缺少任何资源。这样就减少了'要是……'的借口——'要是我有另外20支吸管，我可能会获得诺贝尔奖'"。

布伦纳接着说道，"如果你把组织分成很多独立的实体，那么就没有人能理解战略，因为独立的单位会各自拥有自己的领域。如果你想创新，就给每个人提供机会。创新就是在赌博。一旦你谨慎从事，你就失败了"。创新应该是一项长期的计划，例如，诺贝尔奖获得者弗雷德里克·桑格在实验室工作的8年里没有发表过一篇科研论文。

人力资源

人才是怎样被招募到实验室的呢？主要是通过非正式的渠道，比如推荐。过去，人员的数量不是固定的：管理委员会会指定人员到某个岗位上长久任职，这些指定的人又会得到一些临时性的人事任命。门外汉基本上是进不了高层的，布伦纳说道，"很多人年轻时就来了，他们经常离开了又回来，但是几乎没有人会长时间与实验室失去联系"。成功会孕育成功，年轻人吸收了实验室的文化，这种文化就自我传播开来。来访的科学家的数量远远超过长期任职的科研人员，这样有助于防止智力停滞。

直觉在做选择时也会起作用。布伦纳说："我做判断时比较依赖感觉。"他尽可能对每一个来实验室工作的人进行面试。顺便说一句，直觉在创造性科学研究中起着很大作用——与在选择科研人员上起的作用有很大不同，这·看法现在得到了更广泛的认同。剑桥大学另外一位获得诺贝尔奖的科学家艾德里安爵士曾表示，"回头看看自己的科研工作，我必须说，直觉并没有表现出多大的新颖之处，但是显示了一些特定的商业天性，引导人们选择有利可图的线路"。

衍生官僚制

布伦纳博士认为衍生的官僚制对任何创新性的组织都是一种威胁。比如以前，即使员工没有文凭，根据其表现能力，也可以把技术人员晋升为科研人员，但是现在医疗研究委员会制定的规则使这种晋升变成不可能。有创造性或创新性的人并不总是在他们职业生涯早期就能在科研上出类拔萃。

早期官僚制的另外一个表现是紧缩的财政控制。当然，组织内部的一些层级和管理上的制度是很重要的，但是这些级别和制度妨碍你的计划了吗？

正如布伦纳告诉我的，实验室的管理靠的是传统而不是规则。实验室最初建立是为了研究生物学分子，这一点对决定它的

特性非常重要。面对新课题时，研究人员刚开始都不专业：课程本身就没有规则。因为没有出众的专家，所以就没有专家部门。而随着这些学科变得更加专业，这种传统优势开始消失。另外，实验室也在不断地发展，但是对制度的需求——减少对人的依赖——随着发展的减缓而变得越来越明显。

这种制度不可避免地会培养出会计和管理人员，如果不小心的话，这些人会认为自己的职责是告诉领导者和团队哪些事情不能做。布伦纳说，一个创新性组织的领导对此做出的自然反应就是驳斥："你的工作不是告诉我不能做什么，而是告诉我怎样打破规则去做事。"

规模和制度使引进中等水平管理方式的做法面临更大压力。在我去参观的当天，实验室还在抵制这种做法。分子生物学实验室的非凡文化实际上已经很脆弱了，这种文化曾经使实验室成为世界上发展科学研究最好的地方。任何一个创新性组织的文化都会遭遇这样的命运。文化的发展可能需要 10 年，但是要毁掉它只需要 10 周。

官僚制 VS 创新

什么样的组织是杰出的创新性组织呢？找出这些组织不具备的特征，这个问题就会更容易回答。比如，这些组织内部没有等级制度或官僚主义。我与剑桥大学分子生物学实验室负责人西德尼·布伦纳博士的谈话，就已经揭示了创新性组织的领导们经常会担心这种所谓的"官僚制"，但是，什么是官僚制呢？

德国社会学家马克斯·韦伯第一次给我们提供了有关官僚制组织的简单介绍。在他的文字中，官僚制被简单地描述为一种特定类型的组织，在他看来，这个词并不是像我们认为的那样带有贬义色彩。马克斯对官僚制组织的显著特征做了总结，内容如下：

> 客观、正式的权威；
>
> 非常强调功能的专业化；
>
> 对每一件突发事件都制定了规则；
>
> 非常强调等级和地位；
>
> 制定清晰的步骤；
>
> 日常文件工作增多；
>
> 雇用和晋升都由上层控制。

很显然，拥有这种文化的组织在应对变化时会变得僵化而不灵活。它们不去鼓励创新，而是主动去压制创新。A. N. 怀特海曾在其著作中写道："惯例是每一种社会制度之父。"他这句话确实很适用于真正的官僚制。

官僚制这个词是法语单词"burel"——一种赤褐色或粗糙的羊毛布料——和希腊单词"kratos"的合成体。赤褐色的羊毛布料毫无疑问是法国在公共部门工作的公务员们穿的。因此，官僚制指的是一种只对上级领导负责的官员们的政府制度。英国人会

认为官僚制和其他所有不好的事物一样，都是从国外传进来的。在20世纪，托马斯·卡莱尔就把官僚制列进了"欧洲大陆恼人事物"的名单。查尔斯·金斯利把富豪和官僚描写成是"地球上的暴君"。法国作家巴尔扎克也不喜欢这种新现象，他把它称为"由俾格米人（俾格米人平均身高大约1.5米）操作的巨型机器"。就像一位智者所说的，尽管形势已经改变很久了，但官僚们还尽力维护原有秩序。

在机械式的或类似机械的组织中，工作会被分解成很多专业，会有一个资深的人负责协调。每一部分的职责、方式和界限都有详细规定。沟通活动是垂直式的：指示由上至下地下达，信息由下至上地传递。

具有创新性的组织——那些勇于面对变化、渴望创新的组织——很少给成员规定任务和责任，它会不断地根据变化着的形势重新界定工作。 每个人都知道组织的总体目标，知道会对目标产生影响的具体形势，他们理解领导艺术总的战略意图。在这种组织里，员工不仅从纵向而且从横向相互影响。组织结构反映并且促进了这种互动的必要性，因为组织结构更为平面化而不是一座陡峭的、有很多层级的金字塔。在陡峭的金字塔结构里，只能通过"合适的渠道"才能接近高层领导，而在这种创新性组织里，你有机会接近任何一个高层领导，不仅如此，具有战略眼光的领导还会花大量的时间与各层级的人们沟通。

这两种类型的组织——一类是具有官僚主义的或机械性的

54

组织，另一类是更灵活更活跃的组织——实际上是一种光谱的两种结果。大多数组织都兼具两种特性，既具有官僚主义也具有灵活性。前者代表秩序和连续性，后者清楚地说明自由和变化。因此，组织既需要管理也需要引导。就像我们前面已经看到的那样，在任何时候，都要在这两种需求中寻找合适的平衡。

毫无疑问，随着规模的增大和时间的流逝，官僚制倾向很容易产生。它会潜伏着，在人察觉不到的时候，将自己邪恶的触角伸向组织结构。组织运作费劲，缺乏活力，开始衰退，工作中会听到更多的冗言和蜜语，文牍主义日渐严重，甚至一个小小的决定也要来自上裁。资深的管理者离下级越来越遥远，最终变得"遥不可及"。员工之间也开始变得疏远起来，于是大家悲叹道："此一时彼一时也！"

要　点

有等级制度和有明显地位特征的组织对创造性或创新性工作是有害的，尤其是如果它们滋生出"恭敬的态度"，那会更有害。尽可能让组织保持一种平面结构，员工之间的关系尽可能地随意。

在组织正朝着创新的结果发展时，管理者应该是指挥者或领导者，否则他们会缺乏可信度。领导艺术暗示着以身作则，在本书中，领导艺术通常是指自己要有创造性成果。

有等级制度和有明显地位特征的组织
对创造性或创新性工作是有害的，
尤其是如果它们滋生出恭敬的态度，
那会更有害。

滴水不入的分隔间能阻止船只下沉，但是它们不能鼓励船上的乘客进行交流。一个创新性的组织需要建立允许员工在工作期间越过各种界限交叉吸取营养的结构。

与固定的规则相比，创新性组织更依赖共享的文化，因此，在招聘时要特别注意这一点。直觉在招聘过程中必须起很人的作用，因为学位证明或工作经历不可能总是精确地预测出应聘者的创造性潜能，你需要"人的感觉"。

尽管创新性组织的文化或氛围的建立是一个漫长的过程，但是这种文化或氛围是极其脆弱的。回顾一下组织经历的变化，看看这些变化对业已形成的文化有什么影响。

组织滋生出来的官僚制的症状是很容易识别的。尽管对管理目的而言，官僚制是一种合法的、有价值的形式，但是对于新思想和做事情的新方式来说，官僚制会带给组织一种恶劣的环境。

创新性组织是官僚制组织的对立形象：平面的而非金字塔状的结构，随意的而非正式的人际关系，既强调横向的互动又强调纵向的互动，最少数量的规则，积极地看待合适的、经过正确估算的风险。

创新性组织的管理者必须抑制自己控制的本能。控制是一种重要的领导艺术或管理职能，但是运用控制力时必须要有技巧和灵活性。正如能识别道路并喜爱跳跃的良种马需要更为松弛的缰绳，在组织中，就让现实形势这条法律来帮助你实现控制吧。

　　当市场发生变化时，创新性组织也会发生变化。

　　如果没有一个具有领导艺术的团队对产品质量、新想法和创新做出评价，如果没有这样一个团队努力使组织朝着预期目标前进，组织就不可能持续地、有盈利地发展。

在一个国家，受到尊重的东西将会在全国范围内得到传播。

——柏拉图

Leadership for Innovation

激情团队

5

案例研究：本田宗一郎

——创新型领导

激情团队

Leadership for Innovation

一个机构是一个人成长的影子。

——爱默生

对 于诠释爱默生的这句格言，再也没有比日本本田公司更好的例子了。本田公司的创始人本田宗一郎是一位杰出的创新型领导，这样的领导是天生造就的还是后天培养的？或者兼而有之？对本田早期生涯的研究，可以为这个问题找到答案。这项研究同时也使创造和创新精神更加熠熠生辉，创新精神使得本田公司至今仍生机勃勃，成为真正的世界级公司。

练习

在读这个案例研究时，手边准备一些纸，随时写下你对这个故事所述的有关领导艺术方面的感想。答案没有对错，对于我选择讨论的故事，你可能会得出不同的经验和教训。不管怎样，我们来试着把结论做一下对比吧！

创造思维的锻造厂

1906 年，本田宗一郎在日本静冈县出生了（现福冈市）。就是在他所住的村子附近，他第一次看见了从乡村路上穿梭而过的汽车。本田一辈子都记得，当时他是多么兴奋地追着汽车奔跑。那次经历决定了他未来生活的道路。

本田宗一郎的父亲仪平是一个铁匠，因为打铁的缘故，他家房子的天花板都被烟熏黑了。他做学徒时的工作是修理农具，同时也造剑、修理打野猪和打熊的猎枪。通过这些经历，仪平自己学会了如何造枪。他的手艺非常出色，当地的枪支商店也请他去做维修工作。他技艺高超、心灵手巧，既诚实又勤奋，甚至能给村民看牙，这些使他在村里很有声望。

宗一郎小的时候经常在父亲身边帮忙，他从父亲那里学会了做玩具。仪平遗传给儿子的还有对所有机械的喜爱。但是宗一郎的父亲不是家里唯一有手艺的人，宗一郎的母亲美嘉也是一个很出色的织布师，而且能自己修理她的织布机器，她甚至还设计了一个特别的织布机，把自己设计的织物制造出来。

由于父母的缘故，本田从学校毕业后成为一名机械学徒工也就不足为奇了。他在 21 岁时开办了自己的修理店，后来他转行到制造业，从事活塞环的生产。最开始的经历并不成功，因为他缺乏必备的知识。同时，他和他的弟弟制造出了一辆赛车，但他俩驾驶着这辆赛车首次上路时和另一辆车相撞，造成了重大损伤。

有了多年积累的实践经验，再加上在大学里学习到的工程方面的知识，本田开始进行发明创造。他早期获得专利的发明是为打磨机器而设计的活塞环，他在设计上进行创新，并使之易于操作。这个活塞环的制造过程长达三年，试验经历了多次失败，最终他的坚持得到了回报，他生产出了非常实用的活塞环。他后来回忆道，"那些日子是最艰难的，充满艰辛"。

行动中的创造性思维

第二次世界大战结束时，本田的公司停止直接生产活塞环，因为一次明显的机会事件改变了生产方向。一天，一个朋友给他带来一部日本军队使用过的50cc发动机。他的朋友认为，宗一郎也许能为它找到一个好用途。在战后那些艰苦的岁月里，日本的交通状况非常糟糕，火车和汽车上都挤满了人，有时人们不得不把车窗当作出入口。

宗一郎看着这部发动机，心里想道：一辆自行车要是有动力装置的话可能会很好。但问题是，在那个物质极其匮乏的年代，要得到燃料水槽是不可能的。宗一郎的创造性思维在这时开始发挥作用了。可以用什么做燃料水槽呢？他想遍了所有的东西，最后想出用热水瓶做燃料水槽。他把一个热水瓶装在自行车上开始

做实验，这就是动力自行车"噗噗车"的雏形，这种车是以它发出的声音而命名的。

在第二次世界大战刚结束时，要想找到汽油非常困难，于是本田只有依靠从松树根榨出的油来启动动力车。在多次实验后，宗一郎最终制造出一辆动力自行车。因为当时只能得到 500 个旧的日式发动机，宗一郎下一步计划——这是个坚定的想法——就是生产自己的发动机，于是本田引擎公司便诞生了，并创造了人均 100 万日元的价值。

能力互补的伙伴

在这个阶段，本田不仅是一个创新型的企业领导，更像是一个具有创造力的发明家。宗一郎后来回忆说，"我很高兴我的发明能够帮助别人，我当时并不在乎利润"。由于公司处于破产的边缘，给工人发工资都很困难，宗一郎意识到他缺乏管理能力，尤其是缺乏金融能力来运作一个大公司。他和他的朋友竹岛讨论这个问题之后，竹岛向本田推荐了藤泽。藤泽当时是当地一家小公司的经理，他正是本田要寻找的首席执行官的最佳人选。他们会面时，宗一郎告诉藤泽："我是一个工程师，所以我永远不会听取你在生产方面的建议。"藤泽回答道："我是一个商人，但是我不保证你能立即盈利，我希望你能着眼于将来。"

他们彼此都认可对方的话，在各自的领域里也一直在努力。而且，为了避免他们之间出现任何敌对的可能，他们有一个约定：将在同一天从公司退休。从那时起，他们成了不可分开的伙伴。

在藤泽加入公司两个月前，宗一郎完成了一个高级冲程发动机的制作。和以前发明的发动机有所不同，这个发动机成了动力车的主要部件。这样，第一部轻型的摩托车诞生了。本田将它称作"那个梦"，因为他本能地感觉到，通过这条生产道路，他的梦想将会实现。他是正确的！

不是问题而是机遇

在接下来的几年时间里，本田的摩托车在世界巡回赛中总是能赢得重要奖牌，但是他永远都记得小时候在乡间路上看到的呼啸而过的汽车。于是他将一级方程式比赛作为他的测试地，由此转向了汽车生产，以发掘更大的市场。

那时汽车尾气排放造成的环境问题引起了社会的广泛关注，但是本田把这看作一个机遇而不是问题。后来成为本田公司第四任总裁的川本信彦说："尽管本田公司在汽车销售和生产经验方面落后于通用和丰田，但是我们在低排放量引擎方面的开发却是站在同一起跑线上的。宗一郎鼓励我们，相信本田与通用以及其他大型汽车制造公司是平等的。"

为了满足社会需要，宗一郎注重发挥年轻工程师的作用，他相信年轻人的力量和能力。在久米正（后来成为本田第三任总裁）的领导下，本田工程师们成功地研发出低排放量、用水进行冷却的发动机。装上这种引擎的本田思域车在全球范围内受到欢迎，美国人尤其喜爱本田工程师的灵巧设计。

宗一郎具有超越别人而不是模仿别人的竞争意识，这种意识已经渗透到他所有员工的身上。他对此很满意，于是他决定从公司总裁的职位上退休。他和藤泽在1973年退休时一起成为公司的高级顾问，藤泽遵守了他们之间的约定，也退休了。

本田和藤泽还有另外一个约定，那就是不强迫他们的儿子接管公司。本田的大儿子博俊认为这很明智，他说：

> 我的父亲是一个非常具有创造力的人，他几乎就像是一个艺术家。艺术家从来不尝试让他们的儿子或女儿接班。我父亲做的不是某种只能继承的传统艺术。和我父亲一样，我喜欢做我想做的事情。我从来没有梦想要接管父亲的职位。我父亲也从来没有要求甚至没有向我们暗示过要那样做。

传递火炬

退休后的本田大部分时间都在拜访遍布日本的本田经销商、汽车陈列室和服务站。不是所有人都能意识到这些行程的意义，但是他想对所有为本田工作的人表示感激。他对所有在商店工作的员工说"谢谢"，和沾满油渍的修理工握手。从早期当小型修理店的老板到退休时成为世界级的总裁，本田率真和诚实的风格从未改变。1989年，当他具有影响力的伙伴和最好的朋友藤泽去世时，宗一郎当众哭了。他知道如果没有这个极具天赋的人的帮助，本田汽车公司永远不会取得现在的成就，他自己也永远不能成功地追求和实现他的梦想。

本田第二任总裁川岛清志说：

> 宗一郎不喜欢模仿别人的做法，他喜欢利用自己的想法和创造力去创造。他是一个有梦想的人，他也帮助员工们实现了自己的梦想。我从他身上学到的一点是：一个没有梦想的公司在社会上无法拥有一席之地。

本田第四任总裁川本信彦回忆道：

> 宗一郎具有强烈的探究欲望，很忠实自己的想法。尽管他会让我们停止一级方程式赛车的项目，但是他在去世之前一直都对赛车感兴趣。甚至在他去世的前几天，他还显得非常有活力，热切地和我探讨一级方程式赛车。

即使在达到自己的目标后，宗一郎也从未停止前进的脚步。多年前在尘土飞扬的乡间小路上这个年幼男孩追赶呼啸而过的汽车时所表现出来的好奇心和精神永远没有停止过。路上有点漏油的汽车的影子一直伴随着他。他留给所有认识他和不认识他的人的一份遗产就是"本田精神"，即赞扬年轻人的活力和鼓励年轻

人的创新精神。

要 点

本田的创造性思维部分遗传自他的父母，他的这种创造性思维在早期就表现出来了。他可以看到明显毫无关系的事情之间的联系，比如热水瓶和燃料水槽之间的联系，或者看到佛像的面孔和他正在制造的摩托车前部之间的联系。

他是一个冒险家，从他驾驶自己制造的第一辆赛车撞车到他后来大胆地决定参加世界摩托车比赛就可以看得出来——当时他还没有开发出一辆能赢得成功的自行车。

本田知道自己的弱点，所以他请藤泽来帮助他以便形成能力互补。本田有着创造性思维的头脑，藤泽具有管理和金融能力。创新——将产品推向市场，建立一个可持续发展的公司——总是需要团队合作的精神，不管是在高层，还是在其他层面。

宗一郎能够表现出真正的领导才能。比如说他的洞察力——有害气体排放的法律使本田有机会赶上并取代他的竞争对手，使得濒临破产的公司鼓起士气，奋发图强。

英明远见的领导者总是和组织里的年轻人保持联系，因为勇于创新和大胆冒险的年轻人会走在一起。正如弗朗西斯·培根所说："老年人有太多顾忌，爱谈论过去，宁求安逸，不愿冒险。"

英明远见的领导者总是和
组织里的年轻人保持联系，
因为勇于创新和大胆冒险的
年轻人会走在一起。

　　值得注意的是，本田花时间走遍日本，感谢所有为本田公司工作的人——不管其身份多么卑微，感谢他们帮助他把本田公司拓展成一个世界级的公司。他将他们看作合作伙伴，在感激中他所表现出来的谦虚和谦卑是领导者的显著特征。

人类是杰出的具有创造性的动物，注定要为某件事情做出不懈努力。他也会从事工程学——即永不停息地建设新道路，不管这些道路通向何处。

——陀思妥耶夫斯基

Leadership for Innovation

激情团队

6

上层的鼎力支持

激情团队

Leadership for Innovation

> 如果没有上层的鼎力支持，真正的创新会被大型组织中现行的政策、程序和常规一次又一次地打败。
>
> ——阿侬

在组织中，领导者的态度、个人品质和技能，作为创新过程中极其重要的一部分是很引人注目的。不论是作为指导者或一线的管理者，还是作为中层管理者或执行指挥者，企业中的领导者都能为鼓励创造性做出更多贡献。

致力于团队建设的领导

通过第四、五章中的两个案例研究——剑桥大学的分子生物学实验室和本田公司的发展过程，我们可以看出，高层领导者的性格和榜样在确定组织的方向和基调上起着关键性的作用。对首席执行官这样的领导有什么要求呢？最重要的是他们要有创建团队、实现合作的能力。

77

　　我所知道的最有效的领导者，无一例外地会创建一种"团结精神"，这种团队精神甚至能使最艰巨或最乏味的工作变得有趣。团队中的合作能给组织内的个人以支持和鼓励。以首席执行官为核心的领导团队，是由一小群高级管理者和部门负责人组成的团队，他们有着共同的战略思维。这样的领导团队有助于创建更具有团队精神的组织文化，能运用各种方式让组织中的员工发挥个人的最大价值。全世界范围内的执行官都意识到，组织需要这种以行动为中心的领导艺术，并以这种领导方式来挖掘公司的潜能。

　　一个有战略性的领导者需要具备以下七种主要能力：

　　1. 提出明确的方向。

　　2. 从战略上进行思考和计划。

　　3. 将计划付诸实践。

　　4. 把组织中的各部门联合起来，这样组织能以团队的形式工作。

　　5. 让组织与其盟友、伙伴以及整个社会共同合作。

　　6. 在组织内部释放团队力量和创造性。

　　7. 选择和培养现在及未来的领导。

　　有些爱冒险的首席执行官意识到，以行动为中心的领导艺术需要的是引导而不是管理，他们已经开始培养自己的领导品质和能力，并采取措施进一步提高自己的领导艺术。在一个具有创造性的学习型组织中，首席执行官应该以身作则，给愿意学习并渴望学习的员工树立榜样。

专制老板个人表演的时代已经结束，今天最好的组织将是由团队领导的。让一个人具备所有的领导艺术似乎不太可能，现在管理良好的公司都是由一个领导团队领导的，尽管如此，这个领导团队也需要　个领导，这个领导者就是首席执行官。

在应对创新的挑战时，领导艺术和管理才能都是很重要的，但是重心必须落在领导艺术上。因此，领导者和潜在的领导者在他们的职业生涯早期，需要有机会去探究领导艺术的内涵：领导艺术是什么？作为一个领导者，他们怎样才能变得更具领导力？

在某些方面，商业组织和军队组织是截然不同的，但有一点它们是共通的：领导者都需要有领导艺术和管理才能。所以，我可能还要加上现今渴望创新的所有组织：大学、学校、医院、政府部门甚至教堂都应该让既具有领导艺术又善于管理的少数人在组织中身居要职。

给予指导

如果组织缺乏方向意识，它们就不可能创新，也不可能接受变化并让变化有效地发生。如果你不面对将来、不想前进，那为什么要改变呢？但是作为组织的首席执行官，或者你自己的首席执行官，你是否意识到自己的职责是明确方向呢？

你是一个舵手还是一个领航员呢？舵手是一个"亲身实践"

的管理者，指导每天的活动。领航员有能力退居其后，为他的船设计航程。

我认为首席执行官必须既是舵手又是领航员，同时还是船长，但是不能超过这三个角色。我不希望在发动机房看到他们，或在厨房里看到他们在削土豆。"leader"这个词来自"lead"，过去斯堪的纳维亚人用这个词表示海上船只的航行路线。领导者就是船长，在北欧海盗时期，他既是舵手又是领航员。

像船只一样，你的企业正航行在被不景气的世界经济笼罩着的、困难重重的海面上。你必须要与潮水、强风和旋涡搏斗。作为一个舵手你有多优秀？这里需要重新谈论一下舵手的能力。舵手需要一种微妙的、敏感的探究能力，知道怎样从风和水中获取最强大的能量。最优秀的舵手就是能找到并抓住这根保持平衡的细线，沿着这条细线，所有因素似乎都联合在一起推动船只前进。最优秀的企业领导者不也是这样的吗？

但是，舵手仅仅只是一个谋士或操作者，首席执行官还得是一个战略家。战略家需要有着眼于未来的眼光，需要有导航的能力，为组织设计道路，让组织沿着实现未来计划的道路前进。

在这个阶段，我想提醒人们注意的是企业在风平浪静时制订的计划，这些计划的缺点现在我们看来是显而易见的。资深的管理者包括首席执行官，经常发现这些书面计划对获得成果没有用，因为在做决定时不会参照它们。不参照这些计划的一个好处，就是制止或急剧减少了企业计划中官僚主义的倾向。

至于企业计划，我的意思当然并不是要制定一个详细完美的蓝图。做事情有计划很好，但是很多计划经常称不上是好计划。你所需要的是一种大家认同的商业哲学以及为清晰目标和确切政策而制订的一套详尽的计划。

总的来说，领导承担的第一个责任，就是要完成一些普通的工作。为了使组织成员完成的工作达到他的要求，任何一个组织的首席执行官都应该具备以下三种能力：

1. **进行深入思考的能力**。那些领导组织朝着正确方向发展的人应该拥有高水平的思维能力。例如：分析、想象、全面思考、直觉和判断，这些能力是一个好的决策者所必须具备的。

2. **交际能力**。作为一个首席执行官，你应该是一个能传达信息的人。组织内的所有人都要服从组织规定。你所传达的信息就是我们必须向前看，抢先做出一些变化。

3. **让计划付诸实践的能力**。它要求有一种坚定的性格，很顽强但是很公正。顽强是必须要摆在第一位的。你必须很顽强，但是只有在公正之下的顽强才可以被接受。你还需要其他品质——尤其是要有幽默感以及热情的感染力。

如果你没有方向意识，你怎么去领导？如果一个盲人引导另外一个盲人，他们两人都会跌进沟渠里。要当组织的舵手和领航员，你需要高瞻远瞩，并灵活地确保组织朝着预期的方向前进。

总结一下：一个真正优秀、具有战略性的领导者，会通过言

语和自身的行动，为组织的创造性和创新做出不懈努力。他会在所有事情上彰显希腊人所说的"实际智慧"。这种智慧是经验、智力和善行的综合体。

要　点

创新要求有一种好的领导艺术贯穿整个组织。好的领导艺术应该从首席执行官开始。他的首要职责就是要控制变化。就像罗马作家普布利留斯·西鲁斯所说："风平浪静时，每个人都可以掌舵。"

产生想法并把这些想法变成有利可图的产品或服务、不断地提高现有的产品和服务使之焕发新的活力、满足顾客需求等都需要出色的团队工作。团队寻求领导者，领导者建立团队。

如果不能合理地运用一些制度来进行适当的控制，组织就不能被称为组织了。组织需要在不牺牲自由和创造性的情况下，运用领导艺术和管理方式获得具有生产性的秩序。

组织中最关键的是要有积极的眼光。达到目的是企业的动力。目的会推动你向前，克服组织的惰性。领导者既是舵手又是领航员，要带领组织在充满不确定性和混乱的环境中拼出一条道路。

战略性思维和企业计划都需要创造性思维。如果董事会的会议室里都没有创新，那么货架上会出现创新吗？

变化着的事物是领导艺术的核心。

抢在其他具有创造性的人之前改变某些事物。

——阿侬

Leadership for Innovation

激情团队

7

如何激发个人的创造力

激情团队

Leadership for Innovation

最优秀的人只不过是最佳的自我表现者。

——英国谚语

作为一个管理者，你需要理解具有创造性和创新性的个人是如何思考的，他们想得到什么。因为只有和你一起共事的人的创造力被激发，创新才会产生。他们必须有创新的欲望。

根据 50－50 法则（见《领导力与激励》一书，也是由科甘·佩奇出版社出版的），50％的激励取决于我们自身对内心需求、动力和价值的反应，另外 50％取决于我们的环境，尤其是我们在这个环境中遇到的领导。要遵循这条法则，你首先要保证你选择程序的正确，要选择那些具有潜力的人。

挑选具有创造力的人

当大卫·利文斯顿博士在非洲工作时，一群朋友在给他的信

中写道："我们想给你派一些人过去，你找到一条成功通往你领域的道路了吗？"

根据利文斯顿一位家人的说法，他是这样回复的："如果这些人知道我已经找到一条好的道路后才来的话，我宁愿不要他们。我想要的是那些不知道出路却愿意来的人。"

各种团队的建立，第一步就是挑选合适的人。如果你希望你的创新能力被激发，并维持这种创新能力，这是你必须要记住的一条重要原则。你应该像利文斯顿博士那样，用他那种无与伦比的方式、独到的眼光去寻找那种更具有冒险精神和独立思想的人。山姆·戈德文写道："我身边不需要那种唯唯诺诺的人。我希望我身边的人宁愿冒着失掉工作的风险也要讲真话。"

激发创新能力的时候需要给年轻人奖励。年轻人将来更具有潜力，毕竟他们大部分的生活都将在未来度过。而且，年轻人虽然缺乏经验（不知道什么不起作用），但他们更愿意尝试。他们没有思维定式，思想负担很少。我们年龄越大，可能就会变得更谨慎、更保守。拿破仑曾经说，政府管理的艺术就是让工作人员不会在他们的位置上老去。

因此，任何具有创新性的组织都必须尽力吸引有智慧和有创造力的年轻人。当然光有智力因素还不够，因为做事业还需要实干家——将想法付诸实践的人，而不仅仅只是思想家。好的思想到处都是，重要的是你的团队或组织中是否有人愿意将新想法付诸实践，或者说，用于创新。罗伯特·路易斯·史蒂文逊说："把那个聪明到足以能够愚弄自己的人介绍给我吧。"

你如何识别创造力？这和识别身高、体重和体力很像。我们的身高、体重和体力会有不同，但是它们都在某个范围之内。同样地，我们都有某种程度的潜力和创造力，但是有些人明显比另一些人更有创造力。你的组织需要一些具有创造力的天才。

你经常可以看到具有创造力的人才的共同特点。他们比创造力弱的人更开放、思想更灵活。他们能创造性地提出问题的解决办法。他们经常敢于做与众不同的事、独立思考。他们善于自我激励，而且沉浸于工作。研究不仅证明了这些共同点，而且还会发现更多的共同点。

创新者的特点

创造性人才和创新性人才通常具有以下所描述的一系列特征。这些人不会像一般人那样富有组织性，所以你的组织在招聘他们时，首先要有成熟的心态。与具有创造性的人才相处可能不是那么融洽，但是没有他们能行吗？

在研究资料、自传材料或采访过程中，你会发现创造性人才具有以下特点：

△ 综合智力很高。包括分析能力、储存和提取信息的能力。

△ 自主性和自我指导能力强，自我效率高。

△ 相对寡言少语，不太合群。创造性思维者倾向于中向性性格：内外向兼而有之。尽管他们需要和能激发热情的同事接触，但是一般情况下他们会表现得很内向。

△ 判断时具有明显的独立性。在达成共识之前，他们的想法会遭到其他人的反驳，但是他们能灵活处理。他们的思维方式有时和别人一样，有时会不一样。

△ 他们经常生动地、但只是部分地表达真理。这就是他们吸引人们去注意一些不被人察觉或意识得到的真理的方式。他们的话可能让人听起来觉得不合情理，但是，记住乔治·萧伯纳引人深思的话："理性的人让自己去适应世界，而不理性的人坚持让世界适应自己。因此，所有的进步都依赖于不理性的人。"

△ 广泛的兴趣爱好。

△ 特殊的兴趣和动机。他们会以一种"赌博"的方式与困难或机会做斗争，个人的努力在这些困难和机会面前能起决定性作用。发明家巴恩斯·沃里斯说道："生命中最大的乐趣莫过于一开始认为不可能的事情最后变成了可能。"

△ 持续的好奇心和很强的观察力。通常他们很善于倾听。

△ 全力以赴投身于艰难的工作。

△ 与其他人相比，真正具有创造性的个人离他有目的的无意识状态更近。他能从直觉中领悟真理。他们生活在更富有想象力、更梦幻的幻想世界里。

真正具有创造性的个人
离他有目的的无意识更近，
他们生活在更富有想象力、
更梦幻的幻想世界里。

△ 在没有得到解决矛盾的成熟想法之前，他们有能力在创造性的紧张环境下容纳很多想法——通常是明显自相矛盾的想法。因此他们有时能获得更丰富、更具综合性的信息。

从以上的分析可以看出，如果你的确为你的团队或组织招纳或挑选了创造力超常的人才，你将会发现他们倾向于从你身上和你的团队中寻找某些互补的特点。选择本就是双向的，在选择创造性人才之前，你也应该检查一下是否有让人才充分施展才华的环境（包括领导艺术）。如果把人才招聘进组织之后只会让他们感到沮丧也不是件好事，所以你需要弄清楚：他们的期望是什么？

创造性人才的期望

研究人员通过这方面的研究得出了某些清晰的结论，指出了在激发和鼓励创造性中最重要的环境因素。按照重要性排列，这些因素依次是：

认可和赏识

因为创造性工作的成效通常在很长时间之后才会显现（历史上有很多天才在他们有生之年未获得认可），创造性人才特别需要得到鼓励和认可，特别是要获得他们尊重的人的认可。认可他们所做贡献的价值对他们来说很重要。比如说，获得诺贝尔奖对一个做研究的科学家具有非凡的意义。科学家尤其喜欢竞争和获得成就感。尽管金钱在奖励中占有很重的分量，但是对他们来说，得到认可比获得金钱更重要。

刘易斯·列尔突出强调了给予人们适当认可的重要性：

> 一年中有一二十次 3M 的项目可以盈利两百万美元。你可能会想，跟 80 亿美元的利润相比，这只不过是沧海一粟，引不起注意。但是它们却并非无足轻重，灯光闪耀、音乐响起，有人拿出摄像机记录下庆祝的场面，这是领导在祝贺取得成绩的负责团队。我们从这些新兴的项目中看到了 3M 的未来。我们还为在国际商业上取得的成功、纯粹的技术性成就和公司的各个分支的出色工作制订了认可方案。
>
> 对创造性人才的奖励很少是红包或是去夏威夷的免费旅游。我们发现，尤其是对技术人员来说，只要他们的辛勤劳动得到认可，这就是最好的奖励，很少有其他事情比这更重要。认可对于创新来说是一种强大的驱动力。

在最感兴趣的领域里自由工作

当具有超强分析能力的人集中精神去关注一件事情时，创造性人才却还在每一种可能或可行的道路上徘徊。对创造性工作来说，能自由活动是必要的条件。**如果允许创造性人才自己选择工作领域，他们是最有效率的，该领域内的困难或机会能引发他们更浓厚的兴趣。**

很明显，在创新型的组织内，这种自由要受到总目标的定义和总战略的合理参数的限制。例如，剑桥大学的分子生物学实验室向有潜能的研究人员清楚地说明，研究中绝对的自由是不存在的。但是如果在合适的范围内界定组织的任务——将任务界定在近期目标和远期目标之间，这样就会有更宽阔的领域等待探索。

成功的创新性组织如 3M 公司竭尽全力地给予个人最大限度的自由。这里再一次引用刘易斯·列尔的话：

> 在培育具有创造性的孩子时，建议你不要给他们提供彩色书籍，也不要站在一旁警告他们画画时不要把线画出界外。期待创新者留在"线内"本身就是错误的。创新者所面临的限制可能是对工作的描述、对做事情的详细指导或者任何一门受到限制的语言。很久以前我们就知道，如果在人们周围筑造太多栅栏，他们就很容易成为牧场上的羊。牧场上的羊能有多少独特之处呢？

在 3M 公司，上层管理者鼓励技术人员把 15％的时间花在自己感兴趣的项目上。换句话说，公司保证人们有时间做自己喜欢做的事情。他们至少不用等到管理者批准之后才开始自己的研究。

明智的公司还会为创造性人才建立一条与管理阶梯不同的职业道路，一条能让他们作为个人贡献者继续实现自身最大价值的道路。有一些创造性人才可能希望成为管理型的领导者，但是其他一些更喜欢享受作为个人贡献者的自由。对于后者，工资和晋升可以直接和成功的创新挂钩。除了这些奖励，他们还可以自由选择自己感兴趣的课题。创新性的组织当然还会重视那些非职业的创新性思考者的贡献，因此这些人会有更大的自由去寻找自己的兴趣。

接触能激发热情的同事

古希腊谚语说："两人智慧胜一人。"创造性人才需要与同事交谈，这样做是为了加深思考，不仅仅是为了社会往来。从交际这个意义上说，他们可能倾向做一个"孤独者"，但是他们的智力不能一直被孤立。组织结构应该促进这些正式的和非正式的交流，特别是当人们聚集在喝咖啡、喝茶或吃饭的休息室时更应该如此。在这样一些地方与同事和来访者不定期的会面，会激发出新的思想或找到新的思维途径。

鼓励冒险

这里再一次引用西德尼·布伦纳的话，"创新是一种赌博"。如果你从来没有身处失败的边缘，那么你将不会踏上成功的道路。如果组织鼓励创造性人才去尝试一些经过估量的风险，那么组织是会得到回报的。

上面所述的环境条件连同创造性人才的自身兴趣和欲望都变成了一种动力，由此产生的化合物——创造性人才和创新性

组织或团体相互作用的结果，是新的产品和服务。这种社会和经济上的发展与隐形的人文精神的发展加起来就是我们所说的进步。

对创造性人才很重要的环境因素中，还有一些次要的但也举足轻重的因素，例如：组织对个人主义的容忍程度，员工单独工作的机会（因为他们不愿总是作为团队的一员），报酬的多少等。对组织而言，一个重要的经验就是首先要照顾到创造性人才的主要期望，其他次要的期望可以与个人协商。

创造性领导艺术

鼓励创新的领导者能为组织提供一个总方向，实施必要的领导职能：定义组织目标、制订计划、实施控制、提供支持、反思经验教训、完成多个领域的任务、满足组织和个人的需要。此外他们还有一些显著的特征。如果这些特征你还没有具备的话，你可以考虑吸收它们。

愿意接受风险

如我们所看到的，组织应该给予个人或小团队一定的自由，容忍可能出现的问题，包括错误、失败或财政上的损失。对这些小团队来说，失败不应该意味着丢掉工作，因为你作为领导者也是参与冒险的一分子。你至少要明白事情的结果不总是符合预期计划的。你必须愿意接受一定程度的风险，因为没有自由就没有错误，而最大的错误就是消除自由，因为自由能孕育创新，促进企业成功。错误只是发展道路上的副产品，要从错误中吸取教训，而不是揪着这些错误不放。

有能力从不成熟的想法中受益

想法出现时很少是非常完善的，它们像是刚出生的婴儿，挣扎着，渴望生命。能激发团队创造力的领导者，了解倾听不成熟想法的价值，如果这些想法有可取之处，那么就去完善它们。好的领导者在放弃这些不成熟的想法或不完美的提议之前会斟酌再三，因为这些想法里边可能含有真正有用的东西。也就是说，团队和组织的创造性要求有善于倾听的领导者。

愿意打破规则

组织中的规则和制度是必要的，但是它们会极大地阻碍创新的进程。领导者作为管理团队的成员，应该尊重这些规则和制度，但是他们不能像官僚那样去思考。有时候创造性地提出困难——不能执行规则——是一种优点而不是缺点。规则有时候能达到不能被打破的地步，没有这种创造性提出困难的能力，你就会被组织中的冗言琐事绊住，或者如查尔斯·狄更斯所说的："在办公室的笔中穿梭，被官样文章绑住手脚。"请记住，纳尔逊曾把望远镜戴在他失明的双目上，有时候闭眼不见是一种长处而

不是缺点。

有快速反应的能力

一些新想法或新项目如果要成活的话，需要立即吸收营养，这和新生婴儿一样。鼓励创新的领导者应该具有识别谁可能会成功的慧眼，但是这还不够。创新性组织必须有能调配资源的领导，他们不会把每一件事情都推给委员会或转给高层。现在能调配或获得少数资源可能远比一年后能获得庞大资源要好得多，因为那时为时已晚。这就是为什么组织会指派"项目赞助商"——能为好想法迅速筹集大量资源的资深经理。

个人热情

只有领导者自己有饱满的热情才能鼓励他人。热情是可以传染的。另外，有热情的领导和同事能带动他人的热情。沃弗纳格写道，"人若没有热情是不会获得成功的"。创新通常始于一些小事或不断的进步，这样的原则仍然有效。

要 点

房子是由一块块的砖头砌起来的。一个创新性组织的质量最终在很大程度上依赖于其所雇员工的质量。机器不会有新想法，电脑不会自觉创造出新东西，只靠金钱也不能使顾客满意。

　　了解创造性人才的特点——可能特点有很多。确保你所任命的大多数人身上都具备其中一些特点。

　　个人的需求、一般任务的需求和组织的需求之间总是会不一致。如果你有良好的领导艺术，这种压力会成为创造性的契机。在糟糕的领导艺术下，这种紧张的局势会演变成冲突。

　　如果创造性思维者和创新性实践者没有得到认可，他们就不会永远留在你身边。创造性个人是怀着期望工作的，他们最期望得到的是认可和赏识。

　　创造性的领导艺术是一种能鼓励、激发和引导创新全过程的领导艺术。领导者面临的挑战主要是如何去引导和管理这些创造性人才。

　　倘若不喜欢上级的某些做法，就不要在下级面前也这样做。

——曾　信

Leadership for Innovation

激情团队

8 团队创造力

激情团队

Leadership for Innovation

很多想法如果从它萌生的地方移植到另外一个头脑里会生长得更好。

——奥利佛·文德尔·荷默斯

——— 个新想法几乎无一例外地来自个人，但是要把这个想法变成真正有用的东西则需要一个团队。

根据上述这条原则，很容易就能把创造过程分成两个部分。你可能会说，有新想法的个人具有创造性，把想法付诸实践的团体或组织具有创新性，但是这可能过于简单化。个人提出的通常都是不成熟的想法，是在与同事的初步交谈中偶然获得的，围绕这个想法再由一个或几个人组成一个团队，创造性地将这个不成熟的想法逐步发展完善。整个过程被称为团队创造力。

日本经济得以转型就是团队创造力实际应用的结果。作为个体的日本人，不会因为富有创造性而受人关注。事实上，日本的文化，特别是日本的教育体制，是很瞧不起个人主义的，"如果有一个钉子冒出来，就会被锤下去"，这句日本谚语很直接地说

明了这一点。这种精神不鼓励过多地发展个人的创造性，但是在团队里日本人会踊跃地表现自己的创新性。在西方国家，我们可能过分强调在创造性环境中个人的作用。如果你仔细研究一下创造性思维——甚至是很显而易见的创作家比如作家、发明家或艺术家，你会发现这些人在一个想法成熟之前都会倾听大量的他人的言论。作为人，渴望得到认可，所以个人总是过分强调自己的作用。西方社会认可和奖励的是个人，而不是进行创造性工作的团队。

发展和完善他人的想法

如何提升一个团体或组织的团队创造力呢？一种办法就是引进新的组织体制，比如日本所采用的鼓舞人心的质量环体制，这种方法将在后面的章节中讨论。尽管我认同这样的办法，但是这样的特殊团体只有在已经存在面向团队创造力的管理体制下才能繁荣发展。

问题的实质在于态度。组织或团体对不成熟想法的自然反应是消极的或批判的，现在的问题就是要让组织或团队改变这种现有的态度，一种更加积极的态度就是愿意完善不成熟的想法。

让我们来看看两个会议。在第一组中，有很多建议和想法被提出来供参考，但小组成员没有考虑或发展这些想法。有一些想法"扑通"一声落进池塘消失得无影无踪。当然，这些"扑通"声中可能含有新想法的种子。第一组的会议如图8-1所示。

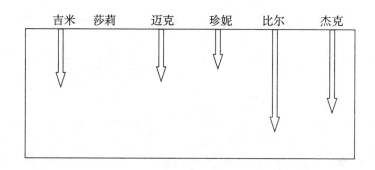

图 8 - 1　第一组会议

　　线的不同长度代表着贡献的多少。比如说，比尔把他的思想发展到一定程度，珍妮提出了一点建设性的意见，但是她的意见被大家讨论的嘈杂声盖住了。在第一组中，每个人倾听的能力都很低。他们本应该等着其他人说完之后再发表自己的意见，这样每个人都有机会发言，但事实上更多的时候是两三个人同时在说话。

　　看看第二组的会议，如图 8 - 2 所示，你会发现这一组的成员和第一组是一样的，但是他们的表现却很不同。他们不是在纯粹地等其他人说完，而是仔细聆听他人的想法，当他们听到一个想法时并不会坚决反对。如果他们发现其中有一些可取之处，他们会将这个想法发展完善。例如，图左边的吉米提出了某一个解决方案，莎莉将这个方案进一步发展，然后杰克也提出自己的看法，杰克所说的观点给了莎莉一些灵感，莎莉回过头来将这个方案做了进一步的改进，最后整个团队认为这个方案是可行的。

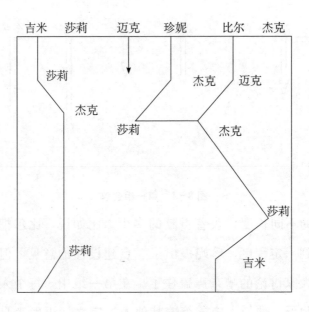

图 8 - 2　第二组会议

　　再看看图的右边，杰克首先将珍妮的想法发展了一下，然后他又发现珍妮的想法与比尔提出的想法有某种联系（这时迈克已经在比尔的基础上提出了一个更好的方案），莎莉和吉米综合了这两种想法，得出一个最终方案，并将这个想法付诸实践。

　　这个模式有点像一场足球赛底线得分的摄影图。回想一下，在第一组中没有一个能底线得分的。但在第二组中，大家以一个团队的形式工作，就获得了巨大的成功。

　　成功的秘诀就是转变态度，把消极的或批判的思维模式转变成积极的、建设性的思维模式。正如温斯顿·丘吉尔在一次内阁会议上说的那样："每一个傻子都能看出什么是错误的，但更重要的是你要从中看到什么是正确的！"

头脑风暴

头脑风暴作为一种技巧，最大的贡献就是突出了发展他人想法的重要性。小组内的头脑风暴是一种相当有名的技巧——这点我已经在我以前的书中描述过不止一次了，在这本书中我还是要重申一下。虽然这种技巧非常好，但是领导者必须确保参与头脑风暴的每一个人都要明白基本的原则。在会议开始之前，领导者除了列出问题之外还应该向与会人员说明：

△ **排除批判性的意见**。批判性意见以后再提出。

△ **欢迎疯狂的想法**。想法越疯狂越好，因为把疯狂的想法变成实际，要比得到疯狂的想法容易得多。

△ **想法越多越好**。提出的想法越多，越能获得成功。

△ **寻求结合和发展**。参与者除了自己贡献想法之外，还要对他人的想法提出建议，让他人的想法得到发展，也可以把两个或更多的想法结合起来形成另外一个新想法。

这是一些指导原则。领导者需要有技巧地去表达这些原则，因为头脑风暴会议一直是很随意的。以下是某一位领导向他的组员说明的第一条原则：

> 如果你想同时从同一个水龙头里既接到热水又接到冷水，那么你只能得到温水。同样地，如果你同时既批判又赞扬一个想法，那么最终的结果是你的批判不够尖锐，你的赞

扬又不够热情。所以在这次会议上我们只赞成想法，把所有批判性的意见排除在外。

有些无可救药的批评者可能仍会无视这条指导原则，小看其他人的建议。对这种不遵守原则的做法应该礼貌地提出警告。如果有人不听的话，就要坚决制止。因为头脑风暴可以得到好的想法，也能毁掉好的想法。自我鼓励和相互鼓励都是需要的。批评会限制想象力，也会让人泄气。

几乎所有参加过头脑风暴会议的人都经历过"连锁反应"：当人们的头脑真正准备好之后，某一个人的想法就会点燃其他人头脑中大量的想法，这就像点燃一串爆竹。相互关联的想法开始发挥作用，这样想法就被表达出来。**表达出来的想法激发了你的想象力，会让你产生另一个想法，而与此同时，这个想法也刺激了其他人头脑中相关联的部分，而且通常是在无意识的层面上。**

把想法表达出来，不管表达得有多么蹩脚，这在头脑风暴中是很重要的一步。

行动中的团队创造力

苏格兰黏胶带的发明是 3M 故事中最精彩的部分，明尼苏达分公司从一个生产普通砂纸的制造商发展成了一个国际性的企业：

一位参观汽车厂的推销员注意到，工人在给两吨重的新型汽车上油漆时遇到了困难，因为不同颜色的油漆会流到一起。3M 实验室中一个年轻的技术员理查·G. 德鲁提出了一个解决办法：用遮蔽胶带。这是公司的第一款胶带。然后德鲁想出了如何在胶带上涂胶黏剂，这样，苏格兰黏胶带就产生了，刚开始是用于工业上的装箱。但是这项事业直到 3M 另外一位创造英雄约翰·波登出现后才真正发展起米，波登是一个销售经理，制造了有内置刀片的胶带取用装置。

你会发现 3M 公司的员工知道要去发展他人的想法。创新是逐步发展的。如果一个想法要被成功地带进市场，团队的努力和贡献是必要的。当想法还储存在某个人的大脑中时，就不能说这个想法进入了市场。通常这需要做一些研究，不断地改进，还需要长时间的艰苦工作。把想法变成普通事物，有时需要好几年。

有了这些事后的认识，再加上成功或失败的教训，似乎很容易辨别出什么想法很好，什么想法不可行。但是在前期，这样的区别还不是很明显，托马斯·佩恩写道，"美好的东西和荒谬的东西经常是紧密相连的，很难把它们分开。美好进一步会变得荒谬，荒谬进一步又会变得美好"。

能在一段时间内不做评判——既作为个人思考者也作为团队的一员——是很重要的。能进一步发展他人的想法，完善它或把这些想法综合起来，也是很重要的。但是对一个真正具有创新性的组织成员来说，只有这两种能力是不够的，他还需要培养用婉转的、别人能接受的方式进行批评的能力——以适当的方式在合适的时间和合适的地点做出评判。

团队创造力要比头脑风暴优越，因为头脑风暴从定义上就排除了批评。但这只是对创造性团队工作一点侧面的见解。在分享想法的过程中，分析和评价同样都是必需的步骤。在综合和想象的阶段，如果有分析和批评加入，会在个人思考者和团队之间建立一种如音乐上的关系。"独奏"的思考者可能为乐队的主题提出一些建议，而另外一个独奏者可能在整体上给乐队表演者提出建议。

团队创造力与组织

把组织当作一个整体来看，团队创造力的原则强调每个人都要为组织的创新过程做出贡献。比如，在组织内，人们不断地对它的产品和服务、对它的结构和文化环境交流看法。这种交流应该是有益的交流，组织能从中自我反省、自我更正。从这种意义上讲，一个创新性组织就像一所真正的大学。

团队创造力不是通过固定的程序得到的，但是，如果你挑选了合适的员工，组织内的某些结构还是能鼓励团队创造力的。团队或组织的文化显然很重要。合适的氛围能鼓励人们表达自己还不是很成熟的想法。团队成员能自我约束，延迟评判。他们会倾听别人的想法，并将其发展和完善。换句话说，创新性组织内的谈话是积极的，充满自信也很实际，尤其具有建设性意义。在谈话中，批判也是必需的，因为在有效的思维中它也是重要的成分。那么如何去批判呢？

如何去评判他人的想法

查尔斯·布鲁尔说："新想法是很娇嫩的，一次嗤之以鼻就会扼杀它，一句冷嘲热讽就能刺死它，领导皱一下眉也会让它惶恐而死。"

应对批评几乎与应对创新同等重要。批评是必需的。如果想法没有在合适的时候经历严格评判的话，将可能产生错误且代价很大，组织的领导也会出现盲目性，无利可图。亨利·福特对自己提出的三个问题很满意：

△ 批评很需要吗？

△ 批评很实际吗？

△ 批评具有商业价值吗？

在商业化和工业化的组织里，这些问题必须经过再三思考。但是它们不能过早地用在创新过程当中。有时候在这些想法成为明显很实用和很商业化的方案之前会有很大的演变，这些想法必须经过他人在不同阶段的检验，好的想法是那些能经受得住别人批判的想法。

检验或批评他人的新想法——这种否定的态度——通常不是一种愉快的过程，这个过程确实能让接受者情绪低落。我们需要学习"谈话的艺术"。在批评时需要学会有技巧地、婉转地表达我们的想法。

和詹姆斯·沃森一起发现 DNA 双螺旋结构的弗朗西斯·克里克，在他的自传《疯狂的追求！对科学发现的个人观点》（1988）一书中，提出了两个关于批评的重要教训。他参加了剑桥大学卡文迪什实验室中研究生物分子的研究小组，这个实验室后来成为独立的分子生物学实验室，从事细胞核研究。研究小组的总负责人是劳伦斯·布拉格先生，曾因研究 X-射线晶体学而获得过诺贝尔奖。

当时的克里克已年过 30，还没有什么值得一提的研究成果。但是他对他的组员说，根据他的分析，几乎所有他们寻求的方法都没有成功的可能，他们一直是在浪费时间。他给组员读了一篇论文——就是他的第二篇研究论文——题目是《疯狂的追求》，该题目是从济慈的《希腊古瓮颂》中引用的，他是这样写的：

布拉格暴跳如雷。这个新来的人正在向我们介绍经验丰富的 X-射线晶体学家，包括布拉格自己——是他建立了这门学科，并一直在前沿工作了近乎 40 年。就是他说这些晶体学家正在从事的研究几乎不太可能得到任何有用的结果。我清楚地明白，他滔滔不绝地讲授的这门学科的理论对我们没有什么帮助。我坐在布拉格身后，在课开始之前就向我的同桌很不屑地批评起这门课来。布拉格转过身来对我说："克里克，你这是在瞎捣乱。"

对于他的恼怒我也是可以理解的。一组人正在从事一项困难且带有不确定性的研究，而小组的另一名成员却不断地对它进行否定性批判，这是没有什么帮助的。这会挫伤人们完成这项艰难的研究并取得最后成功所必需的自信心。但是，坚持用注定要失败的方法同样是没有用的，尤其是有其他方法可供选择时。结果也证明，除了一点之外，我所有的批评完全是正确的。我低估了研究简单的、不断复制的人工肽（跟蛋白质没什么联系）的作用，因为之后人工肽的研究给我们提供了一些有用的信息。但是我很正确地预测了只有用晶体替代才能让我们获得蛋白质的详细结构。

那时候，我才是一个刚入学的研究生。我给同事们必要的严厉的批判性意见之后才把他们的注意力引到正确的方向上来。几年过去了，很少有人能记得这件事，或感谢我所做的贡献，除了贝纳尔，他不止一次地提起过这件事。当然，同事们后来肯定也会找到我现在所提出的方法，我所做的是帮助创造一种能让想法早点产生的氛围。我从未就我的批评术写过文章，尽管有关我说话的记录已经流传了一些年。就我而言，布拉格开始认为我是一个不能再继续做研究的讨厌鬼，说话太多且尖酸刻薄。好在后来他改变了对我的看法。

克里克在这里给我们指出了批评真实的一面。**有时候，个人需要勇气去挑战已经被人接受的观点，个人也需要在面临团队的压力时坚持批评。**这时的批评可以用动听的语言，因为动听的语言可以穿透既定想法厚厚的围墙，为自己赢得听众。它可能会被有意识地拒绝，克里克提到，但是它能悄然影响团队成员的无意识思维，甚至可能改变团队的思维方向。

个人需要勇气去挑战
已经被人接受的观点，个人也需要
在面临团队的压力下坚持批评。

同意的请坐下！

克里克得到的有关批评的教训不止这一个：

> 当佩鲁茨给一小群聚集在卡文迪什实验室、来自英国各
> 个地区的 X-射线晶体学家描述他的研究成果时，我又得到
> 了另外一个教训。在他说完之后，贝纳尔站起来发表评论。
> 我认为贝纳尔是个天才。出于某种原因我有这样一个想法，
> 那就是天才的行为都是疯狂的。所以，当我听到贝纳尔以最
> 亲切的方式对佩鲁茨敢于从事如此困难而又史无前例的研究
> 以及对他的一丝不苟和坚持不懈的精神表示赞叹时我非常惊
> 讶。直到这时，贝纳尔才大胆地以最能接受的方式说出了他
> 对帕特森方法以及所举例子的一些不同意见。这时我懂得
> 了，如果你要对一项科学研究做出批判，最好先坚定而恰到
> 好处地赞扬它所有的优点。我希望我能一直坚持这条有用的
> 原则。但不幸的是有时我会失去耐心，批评起来尖酸刻薄，
> 态度极不友善。

要在团队创造力的情况下有效地工作，你需要用一种建设性的方式和良好的态度给出你的批评意见。 如果你以积极的情绪婉转地表达出你对他人想法或工作的批评性意见，那么批评性意见显然更容易让人接受，但是没有批评就没有关于批评的这些教训。

要　点

团队创造力指出的一个事实就是，在任何一次重要的创造性

思维过程中，不是只有一人参与。在创新的过程中更是如此。要把一个想法发展成真实的产品或服务，不管这个想法有多么成熟，都需要创造性的团队工作。

团队创造力的核心是有能力发展和完善他人的想法，并在这一过程中贡献自己的想法。"糟糕的眼睛只看到了想法10％的缺点，而忽视了其90％的优点。"（查尔斯·F. 凯特林）。

发展他人的想法听起来是一个简单的诀窍，事实上也的确如此，但是这需要积极的、有建设性的文化氛围，并以相互鼓励和善于倾听为前提。

尽管组织有时会把重点放在一些特殊的会议上，甚至放在某个部门上，比如研发部门，但团队创造力的氛围应该充满整个组织。团队创造力应该是任何寻求创新的组织中无止境谈话里的基本主题。

头脑风暴技巧阐明了把想象思维和批判思维分开的益处，但是想法一定要在某个阶段或其他阶段经历严格的评判。能有效地提出批评并能接受批评是一门需要学习的艺术。

不要试图让你的野鹅养成良好的飞行习惯。

——托马斯·J. 沃森，IBM 的创立者

Leadership for Innovation

激情团队

9
集思广益

激情团队

Leadership for Innovation

在相互激励、反馈和建设性批评的环境下，即在创新性的氛围下，创新性的行为会焕发出勃勃生机。

——威廉·T.布雷迪

每一个和你一起工作的人都有 100 亿个脑细胞。每个脑细胞都能与临近的大约一万个脑细胞相连，可能产生 100 000······（1 后面有 800 个 0）个连接。一个人的脑细胞比居住在地球上的人类的数量还要多。**你作为一个领导所面临的挑战，就是激发你下属潜在的新思想和新思维。**在最冷的燧石里，也会有炽热的火焰。

一个有效的方法就是引进创新机制，尤其是建议机制和质量环，这些机制都是用来在工作中鼓励和收获思想的。

经理们都倾向于相信所有的问题都可以通过引进一套体制来解决，但是体制通常只是半个解决方案，另一半还得依靠设计体制和参与体制的那些人。这就需要在各个层次体现领导艺术，需要一套良好的招聘政策和一套全面的训练课程。瞬间创新的事情

是没有的。

建议机制

1857 年，史密斯·维克的"机会兄弟"被其工人们提出的建议震惊了，工人们提出了一种提高生产、节约材料的方法，于是他们设置了一个木盒子，以便工人们在上面粘贴类似的想法。这种机制被证明对公司和工人们都有巨大的价值。它就是世界上第一套建议机制的产生。

美国作家亚历克斯·奥斯本在一次对建议机制的调查中总结，"高层管理的热情支持是非常重要的"。他嘲笑有些管理者仅仅是在工作地方设立一个建议盒，回去却坐着等待一些价值上百万美元的建议。

你怎么样提高"点子"的数量和质量呢？奥斯本强调了关注焦点的重要性。每年选取一个总的主题是不够的，比如服务顾客或销售。要问一些具有针对性的问题，给出一个比较具体的方向让人们去思考，正如奥斯本所说："我们的想象力必须有主心骨。"

一个热衷于创新的领导团队——期待"点子"并且下决心利用它们，可能更喜欢一套成功的和有利可图的建议机制，这是第一个要求。第二个重要的要求是简单，尽可能使你的建议机制简单化，因为建议机制越复杂、越官僚，它就越没有效果。

对新想法和新建议的快速反应也是很重要的，让员工知道结果通常也有激励作用，如果几个月后都不知道自己的好想法是否被采纳，极容易挫伤人的积极性。建议机制必须让参与贡献点子的人尽快知道组织对他的想法的处理办法。

如果拒绝，组织向参与人详细解释原因是很必要的。解释可以是一封私人信件，最好是一次短暂的会面。研究表明，虽然他们的想法被拒绝，但如果听到清楚合理的解释，他们是不会丧失信心的。不用说，即使是普通的同事，当他们的想法被拒绝时，他们也像科学家、管理者或专业人士一样，需要公司有技巧地给出合理的解释。

英国全国建议竞赛获奖者米歇尔·罗勒森因为为英国航空公司提出了如何避免飞机起落架内部受腐蚀的建议，在被问到英国航空公司给了他多少现金作为奖励时，他这样说道："荣誉才是真正重要的事情，金钱只居第二位。被像英国航空公司这样的大公司选中的确是一件很荣耀的事情。"

重复一下这个观点，人们普遍一致的看法：在激发新思想的时候，金钱不是最主要的动机，认可度和成就感才更重要。但是公司也应该给予建议人现实的金钱奖励，这既表示对建议者的认可，也可以激励其他人。

如果要成功，建议机制需要在内部推行。特殊时间、宣传、简讯、当地报纸或广播，还有生动且有说服力的推销册子，都能使建议机制具有活力且运行良好。不要期望任何机制在没有维

持、修改和重新赋予灵感的情况下能继续发挥作用。

如果具备这样的因素，建议机制就是收获创新"点子"最有价值的机制。比如，在一家食品生产公司，一名黄油包装工人因为提出重新设计一台机器的建议而被调到设计工程部门，公司给他一个星期的时间让他和一名设计工程师一起将他的建议付诸实践，最终这项革新设计在之后 8 年里为该公司节约了 50 多万英镑。

质量环

就目前的体制来看，建议机制的弊端是没有利用团队创造力这条主要原则。建议机制是一项高度个性化的创新机制，相比之下，质量环包含团队创造力，因为根据质量环机制，一组有 4～12 人，他们都来自同一工作领域，从事相似的工作，他们都自愿定期鉴定、调查、分析和解决与他们自己工作相关的问题。质量环给管理提供解决方案，并且通常会参与方案的实施和后来的监控。

每一个质量环都有一个团队领导，在一个组织内部会有一个促进者给这些团队以支持和协调。你可以看到，质量环是在组织现有结构上建立的一项具有创新性的体制，这有利有弊。有人争论说，监督者和线性管理者管理下的现有团体，实际上并没有参与团队创造力，因此有必要引进一套让团队贡献创造力的新体制。另外，增加新体制——质量环团体和其领导处于促进者管理之下、促进者又处于协调者和程序委员会的管理之下，又和使组织尽可能简单的原则相矛盾。

质量环在日本开展得最好。"集思广益"在日本一直都很重要。我们曾看到，日本团队比个人通常更具有创造性。日本工业曾经因产品工艺拙劣、机器效率低下而声名狼藉，但是日本后来一跃成为世界最强的经济体之一。日本的成功当然有其他一些因素，比如长期投资的政策，但是日本重视质量的事实却是非常重要的因素。曾经有人估计，有 1 100 万的日本工人参与质量环，而且孩子们在学校里也学习质量环所使用的解决问题的技巧。

质量环的成功因素

实验表明，以下几个因素对于质量环的成功非常重要：

△ **高层领导支持**。正如建议机制的案例表明，公司和部门的最高层领导必须要致力于项目的开展，以口头和事例表明他希望所有的管理团队都给予积极的支持。这意味着领导要抽出时间定期和员工会面，应邀参加质量环会议，帮助通过需要实施的解决方案。

△ **自愿参与**。会员和领导都是自愿参与者。如果人们不是被迫参与，事情会好办得多。

△ **培训**。领导和成员要在团队合作、问题解决和陈述技巧方

面接受适当的培训。项目开始时，至少促进者（经常是首席领导者）必须要接受咨询师或其他专业能力方面的训练。最后由促进者培训领导者，并帮助小组领导者培训他们质量环的成员。

△ **分享工作背景**。第一质量环由同一工作领域的人组成。共同的工作背景有助于团队的核心工作更快地开展，并且帮助质量环的成员把问题转交给能够直接控制局面的领导。在制造领域，质量环通常是由从事相似工作的人员组成，但在服务领域，成员可能从事不同类别但程序相同的工作，比如维护秩序或开发票。

△ **致力于解决问题**。质量环以一种系统的方式解决问题——不仅仅是讨论——调查原因，寻找改善措施，检验方案，在执行过程中的任何时候尽可能保持积极的态度。管理层必须要保证被提出的建议一旦被接受就要付诸实施。

△ **认可**。质量环并不因提出解决方案而直接获得报酬，但是管理层应该给予适当的认可，比如说通过关注特别事件或为承认他们为社会发展和组织发展做出的贡献。

必须强调一下，质量环如果失败，其主要原因是缺乏管理层的支持。因为最开始时管理层会热情支持，但"蜜月期"过后他们就很少持续关注了。在质量环被成功引进之前，组织内部就应该设立某种标准，企业文化应该具有开放性，鼓励大家参与。另外，管理层必须愿意提供相关事实和信息，使员工能够在知情的前提下做出贡献。工业关系必须要健康良好。各个管理层必须要有长期的责任心，同时随时准备提供必要的培训资源。

着眼于团队创造力

有些公司正在把质量环概念发展为上面提到的团队创造力方案。比如说一家苏格兰微电子公司建立了 18 个任务团队来解决生产线问题。虽然生产线因此关闭了两个多星期，但团队却最终建立了一项新的空气系统，减少了时间和生产上的损失。一个团队成员说，"过去某个管理者或监控者会想着或尝试做一件事情，但整个程序将会大大延长，损失也会更大"。

建议机制和质量环实际上只是帮助创新性组织发展完善的基石。成熟的创新性组织会从上至下地重视创造性思维。它要保证在各个层次都吸收一些有创造性的人。所有的组织团体，例如某个地区的销售团队，能够集合团体的力量提出新点子和新方法。董事会和执行委员要在这个方面以身作则，因为战略性思维需要团队创造力。

这其中隐含的意思就是，如果任何个人显示出潜在的创造性和创新思维，他将不受部门限制为智囊项目团队的成功贡献出自己的想法。这些任务团队的建立，是为了解决客观问题或者发掘战略机会，它们在本质上是相互渗透的，因为多样性蕴含着创造性。所有创新性组织在招募员工阶段将会全力简化程序，因为组织需要运用他们的创新精神，包括有可能邀请他们参加项目团队。

杰出的创新公司，比如 3M，已经采用了这样的方式。刘易斯·列尔强调了 3M 的团队工作在把新思想带入市场中发挥的作用：

> 把新想法商业化的整个过程不是接力赛。在接力赛式的过程中，科学家和他的对手竞争将接力棒传给生产人员，生产人员又和他们的对手赛跑将接力棒传给最后一棒的销售团队。在新想法商业化的过程中，所有职能部门在每一步都要进行沟通和商讨。他们经常会建立我们所谓的开发部门来发掘新产品或商业想法。这样一个组织可能超越现有的组织结构，形成类似矩阵的结构。

教育培训的重要性

农夫要是不在土地上播种，他是不会有收获的。管理一个具有团队创造力的创新组织，需要一支训练有素的队伍。除了技术培训外，每个人还需要进行有效思维能力和技巧方面的培训：分析、想象（运用头脑风暴技巧）、评估，了解大脑工作原理——尤其是无意识思维在重组问题和提供解决方案方面所起的积极作用。

接受广泛的教育也应该受到鼓励，因为一个创新性组织从定义上看也是一个学习型组织。任何能够刺激、激发和训练每个团队成员一百亿个脑细胞的方法都是值得支持的。组织员工参观有趣的地方——不一定和工作有直接关系——尤其值得推荐。几年前，一个纺纱工人在华盛顿国家美术馆参观图坦卡门国王的展览时，突然灵机一动，绘制了著名的金面罩，供孩子们消遣。那个想法为公司创造了 50 多万美元的利润。

我们现在必须将明天的创新性组织看作一个创造性团体。这个组织从董事长以下的每一个团队，都把自己看作一个更大团队的一部分。**创造性的互动可以激发个人想法，个人的想法和反思反过来会在团队会议上给出有益的反馈，或者给整个组织的交流带来好处。**组织应该充分利用创新领域的任务团队，将重点放在有效思维技能和沟通技能的培训上，放在整体思维的培训上，放在个人选定工作领域内个人发展的培训上。

要　点

体制和结构是重要的，但是只能起一半的作用，另一半起作用的是采用体制的人：他们的领导艺术、处理团队关系的技巧、有效思维的训练，更重要的是持续的责任心。

建议机制应该崇尚简单。如果管理得当，建议机制会在提升和激励员工的创造性思维方面起到非常重要的作用。

质量环采用的是团队创造力的原则。实验表明，组织已经从自发的参与中受益，但是创新性组织应该集思广益，每一位管理者都应该被培训成能够在团队中组织创造性解决问题的会议，或

者让同事也能拥有履行这种功能的基本能力。

　　能力技巧方面的训练是必要的，但是在创造性思维中，多方面的培训从长远来看大有裨益。开展有助于个人发展的培训，组织员工到其他行业参观，与顾客沟通，这些都有益于激发思想，让大脑适于创新思维。

　　你的组织永远有理由拒绝成为一个创新性组织，更不用说创新要花很多钱。但是你能承担得起不创新的后果吗？

　　当领导者期望创新时，创新才更有可能出现。

让明天变得更好的唯一方式是拥有更多的创造性。

——阿侬

激情团队

10

消除阻力，勇于变化

激情团队

Leadership for Innovation

人们对于他们自己没有思考过的事情总是有一种自然的抵制情绪。

——巴恩斯·沃里斯

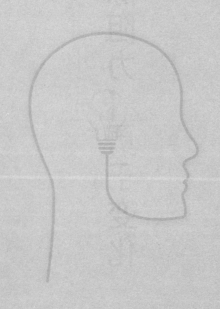

创新意味着介绍或引进一些新的东西。创新这个词语来自拉丁语"新"，英语中也有其他词语来表示，比如"新奇""修整如新""新颖"。创新是变化的一种形式，但变化却比创新的概念要广得多，因为变化不一定都是创新。

人类对于可持续和变化的需求

我们对于可持续和变化的需求使我们对变化本身产生十分矛盾的心理。我们有一部分天性可能认为需要变化，热烈地欢迎它或顺从地接受它。另一部分天性可能非常不希望变化，并且反对它，以便于维护现有的秩序，因为我们趋向于保守：我们希望维持现有的观念、状态或制度。

　　人类的这种天性——我们都会不同程度地被新事物和旧事物吸引——受到个人心理的影响。比如说年龄就是一个因素，人们在年轻的时候更倾向于变化，随着年龄的增长而逐步变得保守。弗朗西斯·培根说过："年轻人更适合发明，而不是判断；更适合执行，而不是咨询；更适合新任务，而不是既定的事业。"

　　这种概括也有例外。有一些人虽然年轻，但思想却很老化。同样地，年龄增长并不意味着思想守旧。有时当面临创新或改革时，老年人比年轻人的思维更活跃。

　　什么是新、什么是旧，当然这也因人而异。一个人认为是异常新奇的东西在另外一个人看来也许就是"旧东西"，这种区别可能比现实更显而易见，因为"新鲜"这个概念就像一块多面的钻石。从根本上说，"新"是指最近出现或使用的事物。"新"也可指全新制造和从未使用过的东西（一片新面包），或者指某种以前不为人知的（一项新设计）或从未经历的（一份新工作）事情。但是普遍认为的"新"是指最近出现的、新颖的事物，比如刚刚发明、创造或开发的事物——一本刚刚出版的新书、一个基于完全不同制造原理的新罐头起子。

　　从这个意义上说，"崭新"这个词语有时用于强调。比如说，一双崭新的鞋，是指刚刚买的鞋。顺便说一下，从不偏不倚这个层面上讲，新也是"新鲜"的同义词，比如说，在控制海洋污染方面采取新（或新鲜）的方法。

　　新颖和新几乎同义，但也不完全对等，因为新颖蕴含了一些言外之意，新颖强调新的质量。所以当我们看到或经历我们认为是新的、奇特的和前所未有的事情时，我们倾向于用新颖来形容。

请记住，在生活中我们喜欢在可持续和变化中保持某种稳定的平衡。完全不熟悉和从未经历的新鲜事情可能会引起疑虑和恐惧。阿尔文·托夫勒写道："人类应对变化的生理机能很有限，当变化超过这种机能时，人就会感到震惊。"个人心理因素再一次证明了这一点：有些人感到刺激的东西，另一些人会感到震惊。

文化因素也会影响我们对新事物的胃口。接受过良好教育的、财产丰厚的悠闲阶级，不仅需要新颖的菜色来刺激厌腻的胃口，而且需要大量新鲜的事物来刺激他们博学的头脑。对于很多人来说，新鲜的确像药品一样符合不走回头路的法则，人们也倾向于相信"越新就越正确"这样的谬论。

罗马政治家普林尼写道："人类的天性就是渴望新事物。"大城市和城市文化赋予人类这种无休止的精神追求。这在古代罗马普林尼的时代体现得很明显，在古代的雅典体现得更明显。普林尼同时代的一位基督教作家、《使徒行传》的作者写道："现在所有的雅典人和居住在雅典的外国人，除了讲述和倾听新鲜事物之外，几乎没做别的事情。"后来连伟大的莫扎特也不可救药地追求新奇。18世纪奥地利帝国金碧辉煌的首都维也纳在这一点上也颇像罗马和雅典。莫扎特写的两部交响乐《**费加罗的婚礼**》和

《唐璜》，在世界别的地方获得了巨大成功，但在维也纳上演时却失败了，他后来的交响乐也没有激起人们太多兴趣。他的一位朋友告诉他："最初一个人可以在维也纳获得认可和金钱，但是几个月之后维也纳人民想要的是新鲜的事物。"

总结来说："我们对于变化的欢迎和抵制都根源于人类的天性。进一步说，这种欢迎和抵制根源于我们无意识中部分地对可持续和变化之间的自我平衡的需求。如果在我们生活中一时有太多的变化，我们就需要保持不变状态。太多的变化让人没有安全感和确定性：在时间的长河里我们失去了停靠的港湾。长期不变也同样有害。不变激发我们对变化的渴望。"塞缪尔·约翰逊写道："**这就是生命的状态，如果停止变化，没有人会感到高兴。变化本身没有什么，当我们已经改变时，下一个愿望就是再一次改变。**"

了解抵制的力量

从以上的分析可以看出，对创新的反应因为情景的不同和参与者的不同而大为不同。从某种程度上说，个人对于变化的感受由社会文化以及人们居住和工作环境的潜文化所决定。西方人和西方国家总的来说骨子里倾向变化，至少从 19 世纪开始就是这样。丁尼生大声疾呼："让伟大的世界永远顺着变化的轨迹而旋转吧！"

但是这并不意味着人们对变化没有抵触情绪。由于依赖可持续和变化之间的自我平衡，我们可能会抵制那些突然发生的、意外的或巨大的变化，尤其是那些会影响到我们个人的变化。就像塞缪尔·巴特勒所写的："任何巨大的和急剧的变化的结果都是死亡。我们可能会在变化之后经历一种复苏，但是真正经历变化可能被认为是痛苦的、危及生命的。"

计划中的或现实的变化会带来危险和不确定的结果，它尤其可能会导致焦虑和恐惧的情绪。当我们所做的事情不会有什么结果时，我们会更愿意尝试以前没有尝试过的事情，因此，令人惊异的事实就出现了：许多发明都是从漫不经心开始的。

你如何应对变化的潜在敌人呢？根据你的需要和你所处的特定环境，我提出了 5 条需要遵守的原则。下面我们来看一看这几条原则。

原则一：耕地

农夫不会在坚硬的、冰冻的或贫瘠的土壤里播种。你必须要为改变做好准备。除非你对现有事物不满，否则你不可能有改变的愿望。对改变来说，自满是比恐惧更强大的敌人。

走出你原有的计划，大声喊出：

并不是因为我们做一件事，这件事就是正确的。

并不是因为我们使用一种方法，这种方法就是好的。

并不是因为我们拥有一种设备，这种设备就是最好的。

你第一个要改变的对象就是组织的假想和固有观点：因过去的成功所产生的想法。历史悠久的组织和团体在这点上与个人相差无几。亨利克·易卜生写道，"我们不仅从祖先那里继承了生理上的特征，而且所有陈旧的、毫无用处的观念和信仰也会在我们身上体现，虽然它们并不活跃，但一直蛰伏着，我们永远无法丢弃"。

因此，当一个新想法没有受到陈旧观点和假想的束缚而进入传统的工业领域时，创新就出现了。英国的土木工程师亨利·贝塞麦爵士，发明了"贝塞麦法"，将熔化的生铁转化成钢，他曾经说过："在处理问题方面我比其他人有优势，因为我没有被从长期惯例中得出的固有结论所控制和左右，我也不完全相信一般被认为是正确的事情。"但是从他的案例中，从其他"外行"的案例中，我们可以看出，一个人之所以不局限于一个领域所形成的思维定式，是因为他在另一领域获得了知识和训练。

案例研究：雀巢为巧克力寻求专业帮助

费兰·阿德利亚大厨最拿手的菜品是鸭内脏和奶油、干奶酪加木莓、牛奶什锦和玉米肉菜饭。要在他的饭店抢到一席之地十分困难。现在费兰·阿德利亚——西班牙最著名的厨师——已经把他的注意力转向微不足道的巧克力了。

这位大厨拥有布利士餐厅，从巴塞罗那驱车两小时可以到达这个餐厅。据说他是世界上最好的厨师。他已经同意为雀巢改良凯勒巧克力的风味。雀巢承认急需增加巧克力糖果的销售量——尤其是雀巢所做的研究表明，人们又开始喜欢特级巧克力的味道了。

但是，这位具有非凡创造力的大厨和非常沉静的瑞士籍跨国人物的加盟可能会让一些人吃惊。费兰·阿德利亚因为用螺蛳肉和吹灯做出自己的特色菜而闻名，也因能用任何东西——鱼、禽肉、水果——凡是你能想得起的材料做出令人垂涎三尺的泡沫食物而闻名（他将负责茉莉茶香味的巧克力）。

去年，雀巢为了改进品牌，与曾设计巴黎蓬皮杜中心的法国建筑师让·努维尔签约。雀巢欧洲区的董事长刘易斯·坎塔雷利说："这两种个性将同时致力于雀巢品牌的改革，创造新一轮的全球之风，生产全新的产品。"

雀巢最近的合作伙伴采用了西班牙公司一系列的做法。瑞格尔酿酒公司委任富兰克·盖里——住在毕尔巴鄂极负盛名的古根海姆博物馆的建筑师——建立一座葡萄酒博物馆，而 bodegus 和 bebida 集团也签约了卡拉特拉瓦——瓦伦西亚艺术和科技博物馆的建筑师——来建立一座葡萄酒博物馆。

问自己一些问题吧，为什么我们这样做而不那样做？成功的标准是什么？什么证据表明我们是成功的？我们上一次回顾这些问题是什么时候？我们的竞争者中有谁变换了思路，结果怎样？在这个领域主要的研发工作是什么？

这些问题老生常谈，它们就像气钻在挖掘组织程序中坚硬的道路，因为你不能在铺满柏油碎石的道路上播撒变化的种子。组织行为和程序就像道路一样，罗伯特·路易斯·史蒂文逊写道："道路铺设之后，它上面的交通如何？年复一年，如何使更多的人在上面行走？怎样组织人员进行修整和维护？"

原则二：独立思考

广告巨头大卫·M.奥格威说："在现代商业社会，除非你能卖出你所创造的产品，否则成为一个独创性的思维者也没有什么用。如果没有一个优秀的推销员来展示这个好的创意，那么就不要期待管理层会认可这个创意。"

换句话说，你应该说服别人相信你提出的变化是好的，记住亨利·福特提出的3个问题："它有用吗？实际吗？具有商业价值吗？"因为金钱是商业的语言，你必须能够证明——至少在中期内——这个新想法或创新将会减少成本、增加利润或带来其他合理的共同利益。销售创意的最好方式是指出它能给"买家"带来什么好处，假设他是一个顾客或和你一样是同一组织的内部成员。

在法律范围内，你不能担任涉及你自己的案子的法官。你的想法确实需要听取其他人的批评性评价。"新的想法和旧的想法一样都有利有弊。"（富兰克林·罗斯福）。组织机构就像社会一样，必须要避免不必要的改革，你也要去除一些无用的想法。"越新就越正确"这种假设通常被证明是错误的。

在一个具有创新性和良好团队创造力的组织中，对你提出批评的人不会带有偏见。批评者会看到你的提议的积极方面，他们会考验你的想法，如果必要的话，他们会用策略拒绝你的想法。或者他们可能接受它，并加以完善，这样创新的过程就开始了。如果你巧妙地向个人和团体展示新想法，你可以帮助他们看到你提出的变化所具有的价值。

有些创造性思维者很善于穿越组织的政治障碍让别人认可他们的想法，而另一些人则不善于陈述，不能使别人接受想法并获取必要的资源。这就是引进项目赞助商体系的有用之处。组织中的高层人员负责帮助改革者获取资源，在项目受到质疑时支持它、保护它。但即使是在像 3M 这样的创新性组织中，这也不是一件容易的事情，正如刘易斯·列尔写道：

> 做一个全新项目的赞助商不是一件轻松的事，我相信很多赞助商所做的赌注是人而不是产品。3M 有一句名言："领导者咬舌头一直咬到流血。"这意味着他们必须放弃项目。赞助商需要具备的首要素质是信心，第二是耐心，第三是懂得暂时的挫折和终极问题之间的区别。

> 正是在这个层面上——赞助商层面上——才会有机会播下创新的种子。对每一个高层经理讲清楚赞助商在工作中的具体职责。在评价经理工作时，问问他们麾下新项目的进展

情况。但首先要问的不是新项目所带来的经济利益，而是新项目带来的压力。

如果一个组织的创造性和创新性都很低，而且也没有安排赞助商来支持和保护新思想，那么这个组织的创新进程则非常低效，而且参与创新的人会更感到痛苦。威廉·詹姆斯总结了一种典型的情况："最初，一个新理论被人攻击为荒唐可笑；后来，又承认它很正确，但显而易见，无足轻重；最后，却发现该理论是如此重要，连反对它的人都声称是他们自己发现的。"

原则三：立足现实

什么是保守主义？亚伯拉罕·林肯认为："难道不是坚持旧事物、不愿尝试新事物、不愿冒险吗？"人们在未经历新事物之前是不愿意相信它们的，因此为什么不实验一下呢？只有在某件事情经过尝试和检验之后才能符合现状，才更有可能被接受。

实验不需要太多承诺，人们经常对这点更满意。但是只有对实验结果进行公正和全面的审视之后，实验才值得做。不需要排除激烈的争论，因为结果通常会有多种解释，找到事情的真相才是重要的。

在创新的政治中，保守者通常可以接受这样的妥协：那就是在组织的一个部门进行试点，即使遭到挫折也只是花点多余的时间来应付。实际上，这也只能作为那些无意或不愿意改变的人们故意拖延的一个策略，但是假定你的反对者身上有着最强大的动力总是明智的，因为你信任的人可能会让你失望，而你不信任的人会让你另眼相看。

吉尔伯特·基思·切斯特顿写道："进步是问题之母。"你只有通过思考科学进步带给我们的问题，才能看到他这句话的正确性。**任何改变都将带来明显的和潜在的结果：明显的结果是指那些可以预见的结果，潜在的结果是指那些只有在创新过程中或创新后才出现的结果。**

有时改变的结果表明创新并没有实现其承诺的利益。可能原创的产品和服务在改进的过程当中失去了某种品质。在这种情况下，如果为时未晚，为什么不回到最初呢？因此，如果时间允许，这也就是在全盘革新之前进行试点或实验的英明之所在。谁愿意去驾驶一架没有经过严格试飞检验的新飞机呢？

原则四：逐渐变化

在任何情况下，惰性都没有坏处，它能避免个人或组织在波动的情况下做出过敏反应。只有在某种情况发生急剧变化时——社会的、经济的和技术的——惰性才是不利的，因为急剧变化需要迅速反应。

有些组织把头埋进沙子里，忽视改变。将来它们会发现，为了跟上时代、谋求生存，必须要进行突然的、相对巨大的变化。

这种危机管理的形式应该避免，因为它会使人对个人改变的结果产生焦虑和恐惧。逐渐的或渐增的变化要好得多，正如我们所看到的，创新通常应该是渐进式的，而不是革命性的。渐进式的改革带来的威胁会小得多。

因此，创新应该分阶段逐步进行，不断地适应变化的环境。不要因为一个组织昨天没有变化而现在需要变化就疯狂地改变。谨慎利用时间来探讨改变、实验和审查的必要性。孔子说过："欲速则不达。"在改革过程中，最好把速度放慢。

原则五：领导艺术非常重要

爱默生写道："没有热情就不能造就伟大的事业。"如果高层领导不致力于也不热衷于改变，伟大就不会发生。为什么呢？因为即使是在准备最充分、计划最完美的改革中，还是有冒险因素的。不是所有的结果或边际效应都能够被预测到，不确定和恐惧的因素在很大程度上还存在。**如果创新型领导希望推动人们在发展的道路上前进，他们就需要表现出勇气、责任和激情，他们应该展现士气，隐藏恐惧。**

首席执行官的领导艺术中最重要的一点是赢得其他人的支持——尤其是赢得高层管理团队的支持，以实施持续的创新策略。这意味着管理者首先要进行战略思考，然后向各个阶层敞开决策之门，以便每个人都能最大限度地在责任范围内参与到改革之中。如果不付诸实践让改变发生，那么最初阶段的创造性思维、研究和实验行为的成果将会付之东流。

总结一下，**改变可能不会一帆风顺，但是它需要有条不紊地进行。改革的结果可能不总是符合预期的期望，这可能会产生紧张情绪，但是这不能成为拒绝计划和实施改变的借口。**管理者承担领导责任，他们应尽力创造和培养一种创新的氛围。如果领导者和管理者没有花必要的时间和精力去消除组织内部存在的抵制改变的负面情绪，这将会产生很多突出的问题，面临更多的挑战。

要　点

人们对变化存在矛盾心理，我们对可持续和变化的需要是自我协调平衡的。如果变化逐步开展，会让人不至于感觉太陌生或太奇怪，人们反应的态度会更积极些。领导者应该警惕巨大的或突然的变化。

为了克服本能对变化的抵制，首先必须做的是耕地。提醒你的团队，一个人为了变好不一定需要生病。对隐藏的假设和固有的观念提出挑战，总会找到一种更好的方法。

如果你不能交流，你就不能创新。如果没有团队努力，创新就不会发生。你只有利用团队精神说服你的团队发生变化，它才会开始采取行动。

第三个原则是给那些反对变化的人提供实验的机会。我们清楚地看到，在未来道路明朗之前，人们愿意付出的努力是有限的。

创新的力量在于它是渐进的而不是突变的。和创造性不同，创新意味着不断积累小的变化以发生质变。因此，变化应采取渐变的形式，对缓慢但稳步的变化，人们应表示满足。

没有好的领导艺术，变化也不会及时发生。领导者需要具备良好的个人素质、饱满的热情和专业的技能，动员其他人也参与到制定决策和管理变化的过程中。

人们会支持自己参与创造的事情。

——阿侬

激情团队

总结：创新型领导艺术

激情团队

Leadership for Innovation

> 创新是我们的座右铭，唯一的问题是我们还没有实践创新。
>
> ——阿侬

在商业组织中，要保持进取心和创新精神不是一件容易的事，因为这意味着要冒风险。当公司发展壮大时，领导者更倾向于反对冒险。"他们停止进取，不再具备胆识和开拓精神，最终公司成为一个停滞不前、安于现状的官僚机构。"这种现象屡见不鲜。公元288年，具有忧患意识的塞尔韦乌斯在写给埃及中部区长的信中说：

> 单从报道中就很容易地看到有些人——利用财政部的资产为自己捞得好处——为他们自己赢得头衔，比如控制者、秘书或主管这样的头衔，然而他们不但没有为财政部带来任何好处，反而在吞剥其利益。

改进公司的运作，就像修剪果树一样相对比较容易，它通常能带来短期利益，因而具有很大的吸引力。改进包括减少员工人

数、取消收益较低或无利可图的产品和服务、努力提高生产力。换句话说，它主要集中于减少损失，因为这样的利益在未来将更加难以得到保障。

尽管这种改进难能可贵，但是这并没有触及真正的问题：我们如何让企业成长？对这个问题的答案一定是成功的改革再加上富有想象力的营销。这就需要商业领导人具有高度的企业家本能，他们自己应该愿意承担更多可计算的企业风险。

旧式的管理——命令和控制、条理和官僚——正在让位于卓越的领导艺术和创造性，这种领导艺术和创造性拥有良好的体制管理和深度的行政管理的支持。未来成功的企业不仅具有优质的产品和服务，而且具有出色的管理和领导能力，还具有深度挖掘全球市场机会的能力。

任何一项改革行为——引入变化思想、改变旧的行为方式、支持新思想——都是具有风险的。但是只要经过精心策划、精密计算，总是有一些成功的机会。你可以惴惴不安，但是你必须学着去克服这种情绪。

最优秀的首席执行官和执行总监经常会问"下一步该怎么做"，他们迫不及待，他们喜欢新的产品、新的市场、新的挑战和新的机会，这种对机会不懈的追求激发他们奋勇前进。

很多管理者只是局限于自己掌控的领域，他们不会超出自己的范围或涉足同事主管的领域。但是通过努力工作、判断得当，领导者们还是一次又一次地证明了这种充满挑战但却现实的目标是能够达到的。在冒险的过程中，不管经过多么细致精密的计算，他们还是要在信息不全的基础上知道何时必须支出大量的资金、消耗大量的资源。做决定很少是一个人的事情，经常需要开会讨论。但是明智的首席执行官知道，所有的事情取决于他根据预定的利益和潜在的不利因素去评估风险的能力，然后他要做出一个平衡的、合理的决定。正如一句古希腊谚语说的："变化一般都是站在那些具有实际智慧的人的一边。"

因此，企业领导者在做决定时要接受风险是非常重要的，尤其是在进行创新的时候。风险意味着损失或者受伤，但是如果你不爬到树上，你就不会采摘到最好的果实。

一句话，**只要存在风险，有些项目或企业的失败就是不可避免的，但担心失败是没有用的。**领导者没有理由担心，他的工作就是解决问题和做出决策，担心只会妨碍工作。就像一位首席执行官对我说的：

> 担心只会取代行动，或者使人意识不到还可以采取行动，这是没有进行深入思考的结果，或者是害怕知道真相的结果。如果不抑制担心，它就会消耗我的精力、迷惑我的思想，或者迫使我做一些我根本不应该做的事情。

在生活中，对未来的考虑是不可避免的，至少它让你保持清醒，而且就算你学会了如何应对焦虑，也不能消除焦虑。这里有两个重要的原则。第一，在做决定前多思考，而不是在做出决定后担心。正如一句阿拉伯谚语所说："人在做出决定的客栈里睡

得香。"第二，任何一个领导都没有特权在公众面前将忧虑表现出来。人们总是在注视着领导。不适当的担心、焦虑不安或惊恐万分这样的情绪，可以像野火一样蔓延。要训练自己处事不惊。冷静、自信和集体领导艺术会营造出一种导向成功的氛围。

如果出现失败，组织该如何反应呢？因害怕失败而建立各种控制措施来避免失败的组织，是不会面临这样的问题的。但不幸的是，他们不会取得多少成功。他们已经甘于平庸。

一位公司首席执行官最近刚被他为之工作的国际集团的总部召回。他刚刚在一个重要项目上造成了巨大损失，因此他有可能被解雇。但是直到和董事长的会面快结束时，董事长也丝毫没有提到他造成的损失，也没让他立即辞职，这位首席执行官站起来说："我很高兴没有被辞退。我必须坦白地说我给集团造成了巨大的损失，我以为你会解雇我。"

"解雇你？"董事长回答道，"咳，不会的。你所受的教育仅仅只花了我 100 万美元！"

如果失败不是由于疏忽大意或能力不够引起的，那么具有创新精神的组织不应该报复或寻找替罪羊，事后聪明通常是很容易的事情。尽管你在做决定前应该努力做到明智，但是谴责自己当时不知道现在已经知道的事情是没有好处的。大胆去经历，不管是成功还是失败。正如他们所说，你不可能事事成功。奥斯卡·王尔德更乐于把错误命名为"经历"。

公司的成就取决于首席执行官和高层管理团队的尽职尽责和

高明的领导艺术。如果他们坚定信心，要通过团队创造力将公司发展壮大，他们一定会面临创新的挑战。即使公司之前运作良好，也不要把任何事情都交给机会去控制。当然，**失去创新欲望的最好方式就是花太多时间沉溺于过去的成功。好的名誉是历史，除此之外什么也不是，优秀的公司必须一直追求卓越。**

要　点

创新并不是改革，而是引进一些有用的变化。因为创新是新鲜的、未经尝试的（或只是部分地经过实验），所以会面临各种风险。正如本杰明·富兰克林所说："要想得到安全，就永远不要有安全感。"

企业的本质是通过贸易获取利润。在社会资本经济时代，利益确实是创新和冒险所要付出的报酬。

一个创新的组织必须要学会在冒险中生存。但是如果没有人员去精心地计算风险的话，风险是不能被给予公正的评价的。有时低估风险就意味着缺乏经验或判断力，但是忽视风险却完全是莽撞的行为。

具有进取精神的企业领导者，必须能够在信息不全的情况下评估风险并做出决策，这就是他们成为优秀创新者的原因。塞缪尔·约翰逊写道："当头脑在思考一项新任务的解决措施时，几乎没有其他时候比这个时刻更令人高兴的了。"

不敢冒险的人也不会有什么希望。

——英国谚语

图书在版编目（CIP）数据

激情团队：创新成就伟大企业/（英）约翰·阿代尔著；吴爱明，陈爱明
译. —北京：中国人民大学出版社，2018.10
ISBN 978-7-300-26217-8

Ⅰ. 激… Ⅱ. ①约… ②吴… ③陈… Ⅲ. ①企业创新-研究 Ⅳ. ①F273.1

中国版本图书馆 CIP 数据核字（2018）第 208189 号

激情团队：创新成就伟大企业
[英] 约翰·阿代尔（John Adair） 著
吴爱明　陈爱明　译
Jiqing Tuandui：Chuangxin Chengjiu Weida Qiye

出版发行	中国人民大学出版社				
社　　址	北京中关村大街 31 号		**邮政编码**	100080	
电　　话	010 - 62511242（总编室）		010 - 62511770（质管部）		
	010 - 82501766（邮购部）		010 - 62514148（门市部）		
	010 - 62515195（发行公司）		010 - 62515275（盗版举报）		
网　　址	http://www.crup.com.cn				
	http://www.ttrnet.com（人大教研网）				
经　　销	新华书店				
印　　刷	北京昌联印刷有限公司				
规　　格	160 mm×230 mm　16 开本		**版　　次**	2018 年 10 月第 1 版	
印　　张	10.75		**印　　次**	2018 年 10 月第 1 次印刷	
字　　数	101 000		**定　　价**	39.80 元	